Karl Jaspers
Vernunft und Widervernunft in unserer Zeit

SERIE PIPER
Band 1199

Zu diesem Buch

In der kritischen Auseinandersetzung mit den modernen »Glaubenssurrogaten« Marxismus und Psychoanalyse entwickelt Jaspers den Sinn der Wissenschaft und das Wesen der Vernunft, jenes »Wesentliche und Allumgreifende des Philosophierens…, worin wir vielleicht wieder einen gemeinsamen Boden finden«. Schulen und literarische Bewegungen sind – so Jaspers – an dessen Stelle getreten, darunter vor allem Marxismus und Psychoanalyse. An ihrem Gegenbild sucht Jaspers das Wesen echter Vernunft aufzuzeigen, denn Marxismus und Psychoanalyse entspringen einer »Verwahrlosung der Wissenschaftlichkeit«. Jaspers kritisiert die für unsere Zeit typischen Irrungen und warnt vor falschen Propheten und Glaubenssurrogaten. Sein Text ist auch vierzig Jahre nach der Erstveröffentlichung – und besonders nach den jüngsten politischen Entwicklungen – von großer Aktualität.

Karl Jaspers, geboren 1883 in Oldenburg, studierte zuerst Jura, dann Medizin; Promotion 1909 in Heidelberg. Während seiner Assistentenzeit an der Psychiatrischen Klinik habilitierte er sich für Psychologie. Ab 1916 war er Professor für Psychologie, ab 1921 für Philosophie an der Universität Heidelberg. 1937 wurde er – bis zu seiner Wiedereinsetzung im Jahr 1945 – seines Amtes enthoben. Von 1948 bis 1961 war er Professer für Philosophie in Basel, wo er 1969 starb. Jaspers gilt als einer der Hauptvertreter der Existenzphilosophie. Seine Schriften – es sind über 30 Bände – liegen in mehr als 600 Übersetzungen vor.

Karl Jaspers

Vernunft und Widervernunft
in unserer Zeit

Drei Vorlesungen

Piper
München Zürich

Drei Gastvorlesungen, gehalten auf Einladung
des Asta an der Universität Heidelberg 1950

Von Karl Jaspers liegen in der Serie Piper außerdem vor:
Chiffren der Transzendenz (7)
Einführung in die Philosophie (13)
Kleine Schule des philosophischen Denkens (54)
Vernunft und Existenz (57)
Der philosophische Glaube (69)
Kant (124)
Die maßgebenden Menschen (126)
Augustin (143)
Plato (147)
Philosophische Autobiographie (150)
Spinoza (172)
Die Frage der Entmythologisierung (mit R. Bultmann) (207)
Die Atombombe und die Zukunft des Menschen (237)
Wahrheit und Bewährung (268)
Nietzsche und das Christentum (278)
Vom Ursprung und Ziel der Geschichte (298)
Schelling (341)
Denkwege (385)
Psychologie der Weltanschauungen (393)
Der Arzt im technischen Zeitalter (441)
Nikolaus Cusanus (660)
Die Schuldfrage (698)
Max Weber (779)
Wohin treibt die Bundesrepublik? (849)
Notizen zu Martin Heidegger (1048)
Freiheit und Wiedervereinigung (1110)
Die Sprache / Über das Tragische (1129)

Über Karl Jaspers liegt in der Serie Piper vor:
Karl Jaspers – Arzt, Philosoph, politischer Denker (679)

ISBN 3-492-11199-8
Neuausgabe 1990
3. Auflage, 9.–13. Tausend, September 1990
(1. Auflage, 1.–5. Tausend dieser Ausgabe)
© R. Piper & Co. Verlag, München 1950
Umschlag: Federico Luci
Satz: J. P. Himmer KG, Augsburg
Druck und Bindung: Clausen & Bosse, Leck
Printed in Germany

INHALT

DIE FORDERUNG
DER WISSENSCHAFTLICHKEIT

Im Philosophieren haben wir heute keinen gemeinsamen Boden. Eine Ausnahme ist die thomistische Philosophie für ihre Gläubigen. Geistig in weitem Abstand davon gibt es die Schulen und literarischen Bewegungen, die sich um einen Meister scharen, unter ihnen die erfolgreichsten: der Marxismus und die Psychoanalyse.

In der Kürze dieser Stunden will ich nicht ein Problem behandeln. Das würde jenen gemeinsamen Boden voraussetzen. Ich möchte auf das Wesentliche und das Allumgreifende des Philosophierens hinweisen, auf das, worin wir vielleicht wieder einen gemeinsamen Boden finden, auf das Selbstverständliche: die Vernunft.

Damit zeige ich auf das Uralte, seit Jahrtausenden Gedachte, manchmal Verschüttete oder leichtsinnig Verachtete, immer neu zu Erringende und nie Fertige. Seit ich einst als Student 1901 in Ehrfurcht die Universität Heidelberg und diese Räume betrat, galt die Vernunft mir stets als das eigentliche Philosophieren. Nach der Erfahrung eines halben Jahrhunderts in Welt und Universität bin ich nicht am Ende, zu wissen, was sie sei.

Ein unerläßliches Element der Vernunft ist die Wissenschaft. Darüber spreche ich heute – morgen über die Vernunft selbst, – übermorgen über die Vernunft im Kampfe.

Als Leitfaden benutze ich heute den Marxismus und die Psychoanalyse, um mit der Kritik dieser Ihnen bekannten Erscheinungen hinzuweisen auf die Wissenschaft als Bedingung jeder wahren Philosophie.

Vor Marx' Augen liegt die Geschichte als ein Ganzes. Von einem Urzustand gewaltloser Gemeinschaft, mit Gleichheit der Menschen, aber in Dumpfheit des Bewußtseins und bei Mangel aller technischen Entwicklung, – ging der Weg der Geschichte durch den Sündenfall der Arbeitsteilung, des Privateigentums, der Klassenunterschiede zu einer gewaltigen Entwicklung des Wissens und Könnens, am bewunderungswürdigsten im Zeitalter der Bourgeoisie, die die moderne Technik brachte. Der Gang wird weitergehen zum Endzustand der Wiederherstellung der Gemeinschaft in Gleichheit aller, in gewaltloser, daher staatsloser Gesellschaft, die eine neue unerhörte Entfaltung menschlichen Könnens und Schaffens in Freiheit bringen wird.

Die Entwicklungsgeschichte der Arbeit ist der Schlüssel zum Verständnis der gesamten Geschichte. Die ökonomischen Gesetze sind keine ewigen Gesetze, sondern gehören zu je einer Stufe der Arbeitsweise und ihrer Gesellschaftsform. Sie sind historisch bedingte Gesetze, die entstehen und vergehen.

Die Methode, diese Bewegung zu begreifen, ist die Dialektik, die als Form unseres Denkens zugleich die Bewegung der Sache selbst trifft. Durch Umschlagen in den Gegensatz wird jedes scheinbar Bestehende aus seiner Ruhe gerissen, bis die vollendete Synthese in harmonischer Freiheit aller erreicht ist. Bis dahin erzeugt jede Phase der Geschichte die Kräfte, durch die sie selber überwunden wird.

Die Bewegung erzeugt den Staat als Funktion der Gewalt im Interesse der je herrschenden Klasse, erzeugt die Ideologien als rechtfertigende Gedanken, aber auch die Wissenschaft und Technik, die als Erwerb für immer einst der klassenlosen Gesellschaft dienen werden.

Das alles suchte Marx mit ökonomischen und soziologischen Erkenntnissen zu unterbauen, zu bewähren und zu bestätigen. Aber bei allen Details, bei den ausgreifenden Materialsammlungen, bei seinen ingeniösen ökonomischen Theorien beflügelt ihn das Grundbewußtsein: die Geschichte ist reif, sie steht unmittelbar vor dem letzten Umschlag, der die Wahrheit, Gerechtigkeit und Freiheit der klassenlosen Gesellschaft herbeiführen wird.

Alle bisherigen Revolutionen waren nur Umsturz durch Machtergreifung seitens anderer Menschengruppen, während der Gesamtzustand, die Art der Tätigkeit, der Arbeitsteilung,

der gewaltsam erzwungenen Arbeit im Sinne von Ausbeu-
tung unverändert blieb. Die kommunistische Revolution dagegen wird eine Umwälzung des Gesamtzustandes selber
bringen zugleich mit einer dazugehörenden Veränderung der
Menschen überhaupt. Der Mensch wird ein völlig anderer
und ist erst als solcher befähigt zur Begründung der neuen
Gesellschaft. Jetzt ist der Mensch durch den Gang der Geschichte noch sich selbst entfremdet vermöge der Arbeitsteilung, des falschen Maschinenwesens (das erst in einer künfti-
gen vollendeten Technik überwunden wird), des Geldes, des
Charakters der Sachen als Waren usw. Im Proletarier vollends
hat der Mensch den Zustand äußerster Verlorenheit erreicht.
Und erst durch diesen völligen Verlust wird dialektisch der
Umschlag ins Gegenteil, die völlige Wiedergewinnung des
Menschen sich vollziehen.

Diese erste und letzte, diese eigentliche, das ganze Menschsein erfassende Revolution kommt gewiß, aber sie wird durch
die Menschen selbst hervorgebracht. Die Notwendigkeit des
Geschichtsverlaufs koinzidiert mit der Freiheit des Handelns.
Alle bisherige Geschichtsphilosophie war passiv betrachtend,
diese jetzt ist aktiv, mit dem Denken selber schon handelnd.

Denn um für diese Revolution, in ihr und nach ihr richtig
zu handeln, d. h. auf der Linie der geschichtlichen Notwendigkeit, ist die Wissenschaft unerläßlich. Diese Wissenschaft
bringt Marx. Er weiß, was er mit ihr tut, wenn er die dro-
henden Worte schreibt: „Die Philosophen haben die Welt nur
verschieden interpretiert, es kommt aber darauf an, sie zu
verändern."

Die Leidenschaft für die Gerechtigkeit, die Empörung gegen die Ungerechtigkeit, uralt und stets vergeblich, verwandelt sich durch diese Wissenschaft für Marx, indem sie aus der
zeitlosen Welt des Sollens in die wirkliche Geschichte tritt.
Im Darinstehen kann der Mensch das zu seiner Zeit Reifge-
wordene als Schritt zur Gerechtigkeit geschichtlich tun. Wenn
er aber neben der wirklichen Geschichte hergeht, aus einem
abstrakten Raum handelnd, wird er vernichtet. Marx ver-

warf daher grundsätzlich den absoluten Maßstab zugunsten des geschichtlichen. Und dieser Maßstab wird durch Erkenntnis der Geschichte im ganzen gewonnen als ein sich wandelnder. Dazu ist Wissenschaft nötig.

Bisher haben Menschen, um ihr Heil zu finden, sich Utopien gerechter Staatseinrichtungen erdacht, Entwürfe eines idyllischen, friedlichen Gemeinschaftslebens. Marx' Schritt „von der Utopie zur Wissenschaft" verwehrt solche Vergeblichkeiten, um mit dem erkannten realen Gang der Geschichte das Wirkungsvolle zu tun.

Oft haben empörte Massen Aktionen zur Besserung ihrer Lage versucht, von den Sklavenaufständen im Altertum bis zu den Bauernkriegen und weiter. Es waren erkenntnisblinde Aktionen mit dem Erfolg der Vernichtung der Empörer und der weiteren Verschlechterung im Zustand ihrer Klasse. Jetzt aber wird auf Grund wissenschaftlicher Einsicht die wirksame Politik vorbereitet, um durch Gewalt die nun ohnehin bevorstehende totale Umwälzung herbeizuführen.

Marx' Wirkung ist eine dreifache, die wissenschaftliche, die philosophische und die politische.

a) Marx steht als ein bedeutender nationalökonomischer Theoretiker in der Reihe anderer. Seine Wirkung für das soziologische Denken ist groß. Die erste Lektüre seiner Schriften hat noch heute etwas Erleuchtendes. Mit seinen Aspekten hat er als Historiker kluge Beobachtungen gemacht und auf die zeitgenössischen Ereignisse ein penetrantes Licht geworfen. Marx steht hier überall im Gange der wissenschaftlichen Forschung, im Für und Wider, in Bestätigung und Widerlegung. Was von Marx wissenschaftlich angeeignet und was kritisch widerlegt wurde, umfaßt ein großes Feld. Aber durch all das ist Marx nicht der überragende und einzige, wie er in der Weltwirkung heute dasteht.

b) Marx ist Philosoph. Er ist es schon in seinen wissenschaftlichen Untersuchungen. Denn nirgends liegt ihm etwas an der partikularen Erkenntnis. Er besitzt die Totaleinsicht: Alle besonderen Untersuchungen wollen Bestätigungen und Entfaltungen dieser feststehenden Totaleinsicht von der Geschichte geben. Diese Totaleinsicht aber ist Moment eines philosophischen Glaubens. Er ist etwa so zu charakterisieren:

Philosophie war bisher ein Glied der Ideologien. Jetzt erst wird sie wahr, erstens weil sie aus der Weltbetrachtung zur Weltveränderung gelangt ist, und zweitens, weil sie nun nichts anderes ist als die eine Wissenschaft überhaupt. Mit dieser zweifachen Verwandlung ist das Ende der bisherigen Philosophie gekommen.

Die neue Philosophie legt auch den Namen ab, sie nennt sich Materialismus. Nicht der Materialismus der Chemie und Physik ist gemeint, sondern der Materialismus als Anerkennung der menschlichen Grundwirklichkeit in der Arbeit, in der Produktion, und als These, daß alle andere menschliche Wirklichkeit daraus abzuleiten sei. Dieser Materialismus kennt keine Transzendenz. Die Welt ist alle Wirklichkeit. Und die Welt, das ist die materielle Welt der Arbeit und nichts anderes. Mit ihr bringt der Mensch sich selbst hervor. Der Mensch ist das letzte Wesen, ist sich selbst genug, Schöpfer seiner selbst und seiner Welt. Religion dagegen ist Verschleierung der Wirklichkeit, ist Lähmung der menschlichen Aktivität, ist Mittel der Unterdrückung, um diese zu verbergen und erträglich zu machen: Religion ist Opium für das Volk.

Dieser Glaube nun glaubt an das Eine, nicht an den einen Gott, sondern an die Einheitswissenschaft, darin an die Einheit von Wissenschaft und Praxis, von Wissenschaft und Philosophie. Diese Einheitswissenschaft wird etwa so verstanden:

Die Geschichte ist ein Teil der Naturgeschichte, des Werdens der Natur zum Menschen. Die Naturwissenschaft ist daher in aller Weite schon auf den Menschen bezogen, ist wesentlich Wissenschaft vom Menschen. Aber die Wissenschaft vom Menschen faßt wiederum die Naturwissenschaft unter sich als ein vom Menschen Hervorgebrachtes und sich Wandelndes. Daher wird nur eine Wissenschaft sein und diese eine Wissenschaft ist die der Geschichte.

Die wahre Einheitswissenschaft ist von Marx endgültig erreicht. Tendenzlosigkeit, Objektivität sind unwahr, weil durch sie die Einheit verloren ist und eine ungeschichtlich-absolute Wahrheit behauptet wird. Jetzt ist die Forderung, an diesem Glauben, der ja nunmehr wissenschaftliche Erkenntnis und nicht wie früher ein bloß ideologischer Glaube ist, teilzunehmen. Diese Teilnahme bedeutet Verwerfen der Objektivität zugunsten der dialektischen Wahrheit geschichtlichen Werdens an dem Punkte, an dem es gegenwärtig steht. Das Verdienst solchen Glaubens schafft zugleich das gute Gewissen bei der Tendenz im Forschen, weil ja diese Tendenz selbst schon geschichtlich wahr ist.

Dies Denken ist daher in der Mitteilung zugleich Propaganda. Der Stil der Schriften ist nicht der der Untersuchung, d. h. des ständigen Aufrufens der Gegeninstanzen, des Herbeiholens von Tatsachen, die gegen die eigene These sprechen, sondern sie künden eindeutig das für jetzt endgültig Wahre, finden nur Bestätigungen. Sie vollziehen ein advokatorisches, nicht ein forschendes Denken, aber ein advokatorisches, das sich der vollkommenen Wahrheit gewiß, nicht wissenschaftlich, sondern glaubend ist.

Die echte moderne Wissenschaft jeder Gestalt – in der zwingend und allgemeingültig, methodisch und objektiv erkannt wird – ist im Gegensatz zur marxistischen Einheitswissenschaft partikular, kennt keine Universalmethode, richtet sich mit je besonderen Methoden auf bestimmte Gegenstände.

Wissenschaft als marxistische Einheitswissenschaft hat mit dieser modernen Wissenschaft grundsätzlich nichts zu tun. Die Marx'sche Form der Wissenschaft ist vielmehr eine Gestalt des Wissens, die durch Jahrtausende in großen philosophischen Systemen als Totalwissen gültig war. Sie ist für die kritische Wissenschaft hinfällig geworden als bloß vermeintliche Wissenschaft. Marx' Totalwissen ist zu entlarven als eine Form dieses vermeintlichen Wissens, wie es noch Hegel verwirklichte, und das Marx altmodisch in der Form wiederholte mit spezifisch modernem Inhalt.

Charakteristisch für jeden Glauben ist die Abweisung des Unglaubens. Als Besitzer eines Totalwissens war Marx wie Theologen Gegner des Agnostizismus und Skeptizismus. Er verwirft z. B. Kant, der für ihn ein Skeptiker ist, in dessen Philosophie sich ihm „die Ohnmacht, Gedrücktheit und Misere der deutschen Bürger" widerspiegelt.

Die Wucht des marxistischen Denkens liegt nun offenbar gerade in der Urfalschheit, Glauben als vermeintliche Wissenschaft zu vertreten. Vom Glauben kommt der Fanatismus der Gewißheit, der Name der Wissenschaft gibt die Verschleierung. Der eigene Glaube wird Wissenschaft genannt. Er nennt sich selber niemals Glaube, verhält sich aber wie jeder dogmatische Glaube: blind gegen alles, was gegen ihn ist, aggressiv, unfähig zur Kommunikation.

c) Marx als Wissenschaftler und als philosophisch Glaubender ist untrennbar vom Politiker. Vielmehr hat der politische Wille den Vorrang. Seine politische Wirkung ist Glaubenswirkung, der Glaube selber schon politisch. Marx und die Marxisten sind Glaubenskämpfer.

Weil Marx ohne Illusion um die Realitäten Gewalt und Macht weiß, stellt er diese als entscheidend in sein Aktionsprogramm. Er denkt stets an die reale Wirksamkeit geplanter Verfahren. Er will heraus aus Diskussion und Gerede, will Gefolgschaft. Ziel ist zunächst die Diktatur des Proletariats. Sie ist nur durch Gewalt zu gewinnen.

Es gibt bei ihm keine bewußte Selbstbeschränkung dieses Willens zur Gewalt. Denn das Ziel, die Wahrheit des Glaubens, macht alles berechtigt.

Und diese Politik glaubt auf Grund ihrer Erkenntnis, zu können, was keine frühere vermochte. Da sie Totaleinsicht in die Geschichte hat, kann sie Totalplanung machen und verwirklichen. –

Sehen wir die drei Momente Wissenschaft, Glauben, Politik mit Marx in eins, so ist darin das geistige Verhängnis die von Marx vollzogene Vernichtung der Wissenschaft unter dem Namen der Wissenschaft.

Vielleicht läßt sich das am Sinn der Dialektik am kürzesten faßlich machen. Dialektik heißt die Bewegung durch Gegensätze in Umschlägen, und zwar als Bewegung im Denken und in den Dingen selber.

Marx vollzieht die Verabsolutierung: alles ist dialektisch, und fügt nun hinzu: was bisher bewußtlos aber faktisch dialektisch geschah, wird nun bewußt dialektisch getan werden und damit Freiheit und Notwendigkeit zugleich sein.

Die erstaunlichen Folgen dieser Auffassung sind folgende: Die Dialektik wird Kausalität. Die Gesetze der Dialektik werden aufgefaßt wie Kausalgesetze. Und diese Dialektik wird zur Monokausalität des Gesamtgeschehens, will die Ereignisse durch radikale Umschläge im ganzen begreiflich machen und erwartet durch aktive Steigerung eines Prozesses dessen Umschlag zu bewirken. Das heißt konkret: Wenn ich die Zerstörung der kapitalistischen Welt und all ihrer Ideologien, der Ethik und der sogenannten Menschenrechte, die doch nur dem bürgerlichen Zeitalter zugehören, bis zum äußersten treibe, dann erwarte ich den Umschlag in die Geburt des neuen eigentlichen totalen Menschen. Das Zerstörende ist das Schöpferische. Indem ich das Nichts herbeiführe, ist von selbst das Sein da. Das aber ist in der Tat in Begreifen und Tun eine Wiederholung magischen Handelns in dem Gewande einer Pseudowissenschaft. Der Magie entspricht bei den Marxisten die Behauptung, ein höheres Wissen zu besitzen.

Die zweite Folge ist die Benutzung der Dialektik zur Begründung des im Augenblick Erwünschten. Die Dialektik wird zur wirksamsten Form der Sophistik. Es gibt keine ewige Wahrheit, keine ewige Vernunft. Alle Wirklichkeit ist Geschichte. Geschichte ist Bewegung. Bewegung ist dialektischer Umschlag. Wer dabei ist, wird jede Position aus höherem Wissen ohne Bedenken in die gegenteilige umsetzen. Wer etwas festhalten will und mit dem, was Marx oder die Partei ihn gelehrt haben, oder gar mit Tatsachen begründet, dem wird bedeutet, daß er bürgerlich reaktionär denke und nunmehr zu lernen habe, dialektisch zu denken. Der Kopf der armen Gläubigen wird ins Drehen gebracht, wird schwindlig und aus höherem Wissen zu jeder Position, jeder Handlung, jedem Gehorsam fähig, – denn es ist Gehorsam gegen die Dialektik der Geschichte, die dem weisen Lehrer besser bekannt ist als mir, der ich noch lernen muß. Diese neue Wissenschaft bezwingt die gläubigen Geister am Ende durch vollendete Konfusion, in der nichts bleibt, als dem Befehl zu folgen.

Dieses Grundirren ist so gefährlich, weil es dem Zeitalter eigentümlich zu sein scheint und bei anderen Bewegungen wiederkehrt. Auf Grund der wissenschaftlichen Erfolge der neuesten Jahrhunderte ist ein Wissenschaftsaberglaube erwachsen, man ist in ein grenzenloses Machenwollen verfallen, man erwartet von der Wissenschaft und ihrer Folge, der Technik, schlechthin alles. Man neigt dazu, den Menschen, da nichts mehr über ihm ist, an die Stelle Gottes zu setzen, die Geschichte statt der Gottheit für die höchste Instanz zu halten.

In Marx ist der Mann erstanden, der in gottverlassener Welt zum Propheten wurde, in den Formen, die dieser Welt genügen, nämlich als Künder der Wissenschaft, aber einer Wissenschaft, die keine mehr ist, als Befehlender im Namen nicht Gottes, sondern im Namen der erkannten Geschichte.

Die Einheit von Glauben und Wissenschaft und Aktion, dann das Allbegründen und Allesrechtfertigen durch Dialektik, diese Synthesis nicht in wirklicher Einheit, sondern als bloßer Anspruch, scheint in der ungeheuerlichen Falschheit so einfach zu durchschauen, daß man mit Staunen vor dem Faktum solchen Glaubens steht und mit Schrecken. Denn aus dem Gang der versuchten Verwirklichung des Absurden kann nur Zerstörung und gehaltlose Gewalt entspringen.

Die Psychoanalyse, heute wirksam über die Welt, verheißt Außerordentliches. Sie will die Erkenntnis des Menschen schlechthin und Bringer unseres Heils sein.

Entstanden auf dem Boden der Medizin hat sie ihren Eroberungszug gemacht über alle Erscheinungen des Menschseins und schickt sich an, die Medizin selbst im ganzen sich zu unterwerfen.

Es ist unbestritten, daß durch die Bewegung faktische Erkenntnisse gewonnen sind, ganz überwiegend durch Freud. Diese Erkenntnisse sind ein Element der wissenschaftlichen Psychiatrie geworden. Die Kritik der Untersuchungsmethoden, des Sinns und der Grenzen des hier Erworbenen ist längst vollzogen, ich wiederhole sie nicht. Wer wissenschaftlich wissen will, eignet an, was hier wißbar geworden ist so gut wie beim Hypnotismus, aber er überschätzt nicht dessen Bedeutung.

Es gibt heute die innerlich unabhängigen Psychotherapeuten, die den Menschen lieben und ihm helfen möchten. In je einmaliger persönlicher Gestalt tun sie vernünftig das Mögliche. Sie benutzen auch psychoanalytische Methoden, ohne ihnen zu verfallen. Sie organisieren und technisieren nicht, was für immer Sache der geschichtlichen Kommunikation einzelner Menschen bleibt. Sie werden die sogenannte Lehranalyse zulassen für den, der sie aus freiem Willen begehrt, aber sie weder aus wissenschaftlichen noch aus Glaubensgründen fordern und sie als Bedingung für die Approbation als psychotherapeutischer Arzt verwerfen.

Aber in einem, wie es scheint, immer stärker werdenden Zug innerhalb der psychoanalytischen Bewegung handelt es sich in der Tat um etwas anderes. Wie der Marxismus seine Wirkung nicht hat durch Einzelerkenntnisse, die er für die Wissenschaft gebracht hat, sondern durch Totalanschauung und Glauben unwissenschaftlichen Charakters, so diese Art der Psychoanalyse.

Psychoanalyse als Glaube ist möglich durch wissenschaftliche Grundirrtümer, aus denen ich folgende kurz bezeichne:

1. Es wird verwechselt das Sinnverstehen mit dem kausalen Erklären.

Sinnverstehen vollzieht sich in Gegenseitigkeit der Kommunikation, Kausalität ist sinnfremd, in Distanz als ein anderes zu erkennen.

Durch Verstehen bewirke ich nicht, sondern appelliere an Freiheit. Durch kausales Erklären werde ich fähig, in gewissem

Umfang rational berechenbar einzugreifen in das Geschehen im Sinne erwünschter Ziele.

Verwechsle ich aber die Verstehbarkeit von Sinn im Raume der Freiheit und die kausale Erklärbarkeit, so taste ich die Freiheit an. Dann behandle ich sie wie ein Objekt, als ob sie erkennbar da sei, wodurch ich sie erniedrige. Und dazu versäume ich kausale Möglichkeiten, die wirklich bestehen.

2. Die Weise der therapeutischen Wirkung ist fragwürdig. Man weiß, daß alle psychotherapeutischen Verfahren in der Hand wirksamer Persönlichkeiten Erfolge haben, durch die Jahrtausende hindurch. Man sieht, daß psychoanalytische Verfahren ebensoviel Erfolge und Mißerfolge haben wie andere Methoden. Die Befriedigung mancher Patienten an der eingehenden Beschäftigung mit ihnen und ihrer gesamten Biographie ist nicht gut als Heilung zu bezeichnen. Während in der eigentlichen Medizin durch die Erkenntnisse der letzten anderthalb Jahrhunderte gewaltige, fast märchenhafte Heilerfolge möglich geworden sind, so daß sich das Leben des abendländischen Menschen um durchschnittlich 20 Jahre verlängert hat, sind die psychotherapeutischen Erfolge allem Anschein nach nicht größer geworden. Sie können es der Natur der Sache nach kaum werden.

3. Was man Neurose nennt, ist nicht charakterisiert durch die verstehbaren Inhalte der Erscheinungen, sondern durch den Mechanismus der Übersetzung von Seelischem in Körperliches, von Sinn in sinnfremdes leibliches Geschehen. Nur eine prozentual geringe Zahl von Menschen leidet an diesem Mechanismus, dieser Begabung oder diesem Verhängnis, daß eigene seelische und geistige Vollzüge, Akte ihrer Freiheit, ihnen in leiblichen Umsetzungen als ein Fremdes begegnen, dessen sie nicht Herr werden. Die meisten Menschen dagegen verdrängen, vergessen, lassen unerledigt, leiden und dulden das Äußerste, ohne je dadurch zu leiblichen Umsetzungen zu kommen.

Diese Irrtümer liegen im Bereich der medizinischen Wissenschaften. Sie führen aber den, der ihnen verfällt, durch ihre

Vorspiegelungen weit über die Medizin und die Wissenschaften hinaus. Sie ermöglichen etwas ganz anderes:

Zunächst den Anspruch des Totalwissens vom Menschen, von seinem eigentlichen Sein noch vor der Scheidung in Leib und Seele. Die Totalisierung der Menschenauffassung, die in der Denkstruktur dem Totalitarismus in der politischen Auffassung analog ist, beruht auf der Verwechslung von Erkennbarkeit und Freiheit. Freiheit, zum Gegenstand gemacht, ist nicht mehr Freiheit. Erkennbarkeit, in das Fließen der endlosen Deutung und Umdeutung gebracht, ist nicht mehr Erkennbarkeit.

Das Totalwissen steht in Korrelation zur Praxis. Psychoanalyse und Psychoanalysiertwerden wird zum eigentlichen Leben, zur tiefsten Befriedigung. Es ist die Verwirklichung eines Glaubens im Flusse der endlosen Symbolverwandlungen und der Höllenfahrten. Dieser Glaube, scheinbar in ständiger kritischer Bewegung, widersetzt sich der ihn in seinen Prinzipien befragenden Kritik. Es ist, als ob er gar nicht darauf höre. Aber er vermag im endlosen Stoffe möglicher Bedeutungen und jeweiliger Symbolfixierungen sich zu ergehen. Was mit dem Bannstrahl Freuds gegen abtrünnige Schüler begann, das Orthodoxwerden mit Ketzererklärungen, bedeutet eine in der Sache liegende Tendenz. Diese Tendenz könnte über Gesellschaften, die die Macht der Glaubensprägung für sich in Anspruch nehmen, zu Sektenbildungen führen, deren Folgen in Wissenschaftsfremdheit, Wissenschaftsfeindschaft, Inhumanität und Vernunftwidrigkeit nicht abzusehen sind. Sie beginnen mit der bedingungslosen Forderung der sogenannten Lehranalyse.

Solcher Glaube – der Wirkung nach Glaube genannt, in der Tat Pseudoglaube – läßt sich nach seinen Bedingungen und seiner Herkunft befragen.

Äußerlich ist er gebunden an die kapitalistische Welt, in der Menschen sich diese Art von Luxus leisten können. Und er ist gebunden an Halbbildung. Sowohl der primitive, unverbildete, wie der vernünftige, gebildete Mensch scheint für diese Verfahren unzugänglich.

Die außerordentlichen Erfolge in der Literatur, im Zulauf und der Anerkennung sogar von Abseitsstehenden erzeugen den Jubel und die Siegesgewißheit der Psychoanalytiker, wenn sie auch wie Marxisten sich ständig in der Haltung der Beeinträchtigten und Verfolgten geben, manche zum Empörtsein und zur universalen Verneinung all des Menschlichen neigen, das nicht in ihre Kreise gehört. Angesichts dieser Erfolge wird man bedenken: Eine große und nachhaltige Mode hat ihren Grund. Es steckt vermutlich darin ein wahres Verlangen, das unwahr befriedigt wird.

Man kann sagen: Innerhalb dieses Zeitalters verlangt eine verkehrte Menschenwelt nach Befreiung. Die Psychoanalyse gibt ihr eine täuschende Befreiung, die so unwahr ist, wie diese Menschenwelt selbst, die sich darin nur spiegelt. Jener Anspruch, aus der Verkehrtheit herauszukommen, ist wahr. Eine gültige Antwort durch eine Ordnung der Welt, in die aufgenommen der Mensch sich gewiß wird, ist in diesem Zeitalter nicht da. Sie wird ersetzt durch Gewaltsamkeiten, Fanatismen, Terrorismen. Wie sie in Wahrheit möglich ist durch eine Erhellung des Seins mit einer Verwirklichung, in der menschliche Existenz sich erfüllt und steigert ins unendlich Offene, das ist die große Frage dieser Zeit. Sie findet, solange der Zerfall dauert, Antwort nur vom Einzelnen mit den Einzelnen aus der Tiefe unseres menschheitlichen geschichtlichen Grundes. Aber dieses Wahre hinzustellen, ist viel schwerer als den Irrtum zu durchschauen. Auf dem Wege der Psychoanalyse gibt es, soweit ich sehe, nur Scheinlösungen.

Die Psychoanalyse wird die Wirklichkeit einer Lebenshaltung, die sich – der Forderung des Zeitalters entsprechend – wissenschaftlich, nicht kultisch magisch zauberhaft versteht, dabei aber Zauber in neuer Gestalt ist und die eigentliche Wissenschaft verliert. Es entsteht eine Bereitschaft sowohl zu universaler Skepsis wie in eins damit zu jeder beliebigen Deutung,

etwa so: versagt die Deutung durch Verdrängung, so wird
eine unfaßliche Totalbiographie als Lebensdrama herangezo-
gen, – versagt auch diese Deutung, so springt etwas ein wie die
indische Karmanlehre von einer vorzeitlichen Freiheitstat,
einer Schuld aus früherem Leben, wenn etwa das Karzinom
begriffen werden soll als Folge einer freien Ursache im Menschen selbst. So wird die Psychoanalyse zur Verwahrlosung
der Wissenschaftlichkeit.

Es handelt sich um einen gewaltigen, zeitbedingten Selbst-
täuschungsprozeß mit einer Bezauberung der Menschen, die
hier ihren Lebensgehalt finden, aber bei der Falschheit des Ursprungs in eine heillose Verwirrung nicht nur ihres Wissens,
sondern ihres Wesens selbst geraten müssen.

Die Klarheit unserer wissenschaftlichen Haltung wird verläßlich nur durch methodologische Besinnung. Diese führt zur
Scheidung der mannigfachen Weisen wissenschaftlichen Erkennens von den philosophischen Methoden des Denkens. Das ist
ein weites und wesentliches Feld des Studiums und der Besinnung.

Nur einen Grundgedanken möchte ich andeuten, etwas Einfaches, das, wenn es begriffen wird, eine Verwandlung im Sinne
all unseres Wissens herbeiführt. Es ist dieser Gedanke:

Jedes Wissen in der Welt ist auf partikulare Gegenstände
bezogen, mit bestimmten Methoden von bestimmten Stand-
punkten gewonnen. Daher ist es falsch, irgendein Wissen zu
einem Totalwissen zu verabsolutieren.

Dieser Irrweg aber findet statt infolge einer uns stets nahe-
liegenden Täuschung: nämlich das je erkannte Objektsein für
absolutes Sein, die Dinge für Dinge an sich, den Gegenstand
für das Sein selbst zu halten. Wir müssen uns herausoperieren
aus dieser Verschleierung, die gerade durch das bestimmteste
Erkennen stattfindet dann, wenn man seinen Sinn der je partikularen Orientierung in der Welt (durch zwingendes Wissen von gegenständlich Gewordenen) für das Erkennen des

Seins selbst hält. Wir müssen uns durch eine philosophische Grundoperation hinausschwingen aus der Fesselung an die Objekte hinein in das Umgreifende.

Das ist leicht gesagt und schwer zu vollziehen. Es ist als ein Grundsätzliches einfach zu begreifen und doch vielleicht nie ganz zu verwirklichen. Denn alle Klarheit des Umgreifenden wird uns nur zuteil durch bestimmte, deutliche Gegenständlichkeit, der wir in der Subjekt-Objekt-Spaltung begegnen. Das Umgreifende selbst ist nicht zu fassen als nur indirekt in der Spaltung, in der alles Sein für unser Bewußtsein als Gegenständlichkeit erscheinen muß. Wir suchen mit unserem ganzen Wesen das Sein selbst, aber im wissenschaftlichen Erkennen haben wir es nur in den Objekten, die durch die Tendenz zum Verabsolutiertwerden es sogleich auch verschleiern.

Haben wir das begriffen, so wandelt sich die Struktur des Wissenssinns, nicht des faktischen Wissens, in den Wissenschaften selber. Dieser erscheint nicht mehr als die Möglichkeit einer einzigen umfassenden Theorie des Seins, nicht als dogmatisches Bild des totalen Wissens, das zwar unvollendet, aber grundsätzlich da wäre und weiter nur ausgebaut würde – sondern nur als methodologische Systematik, die mir zeigt, auf welchen Wegen mit welchen Mitteln ich jeweils welche Gegenstände vorfinde. Solch methodologisch bewußtes Wissen bewahrt vor der Verführung durch die dogmatische Verabsolutierung partikularer Erkenntnis, es befreit von jeder bestimmten Theorie durch Bewußtsein des Sinns der Theorie überhaupt.

Insbesondere kann uns methodologisches Bewußtsein bewahren vor einer Verkehrung, die sich uns so unwillkürlich aufdrängt und uns immer wieder unterwerfen will. Unsere wissenschaftliche Erkenntnis reicht nur so weit, als die Realität in unseren Kategorien und Methoden aufgefangen wird. Diese Voraussetzungen für den Gang der Erfahrungswissenschaften bedeuten nicht ein Wissen vom Ganzen der Erfahrung. Ich kann zwar ins Unendliche erkennen unter jenen Voraussetzungen und unter neuen, die noch sich zeigen werden, aber ich kann das Unendliche nicht vorwegnehmen und zum vermeint-

lich im Ganzen, in den Grundzügen, schon erkannten Gegenstand machen.

Erst in der methodologisch bewußten Wissenschaftlichkeit
weiß ich, was ich weiß, und was ich nicht weiß. Mit je besonderen Kriterien für je besondere Erkenntnis kann ich zwingend Gewisses von Dingen in der Welt gewinnen.

Es ist der Unterschied, ob ich Bescheid weiß in einem geschlossenen Gebäude, oder ob ich offen bin in der grenzenlosen
Welt mit ihren Perspektiven. Als ich das in meiner Jugend be-
griff, habe ich diese Wissenschaftlichkeit in meiner Psycho-
pathologie zu verwirklichen versucht – in einer methodologi-
schen Erhellung, nicht einer dogmatischen Darstellung des gesamten psychiatrischen Erkennens. Ich halte dies Buch seinem
Inhalt nach für ein fachwissenschaftliches, der Bewußtheit seiner Form nach zugleich für ein philosophisches Buch.

Nun aber das Entscheidende: Haben wir den Sinn der Wissenschaftlichkeit begriffen, – er ist erst als moderne Wissenschaft in den letzten Jahrhunderten universal in Erscheinung
getreten, das vielleicht größte weltgeschichtliche Ereignis seit
der schöpferischen Achsenzeit um 500 vor Chr. –, so wird uns
Wissenschaft Bedingung für alle Wahrheit der Philosophie
selbst. Ohne Wissenschaft ist heute Wahrhaftigkeit im Philosophieren nicht mehr möglich. Wir bekennen uns rückhaltlos
zur modernen Wissenschaft als Weg zur Wahrheit.

Die radikale Erschütterung des modernen Geistes – die so
oft dargestellt und besprochen ist – ist gerade nicht eine Erschütterung der modernen Wissenschaft. Soweit sie methodisch
rein und kritisch sauber ist, ist sie gänzlich unerschüttert, vielmehr an Sicherheit und Klarheit und Gewißheit fortgeschrit-
ten – innerhalb ihrer Grenzen.

Erschüttert aber ist in vielen Menschen der Sinn dieser Wissenschaft, die Selbstverständlichkeit, daß Wissenschaft sein soll.
Dieser Sinn bedarf zu seiner Wiedergewinnung anderer Ursprünge, als sie die Wissenschaft selbst zu geben vermag.

Die Wissenschaft wird nicht leicht verstanden. Man muß an dieser Wissenschaft teilgenommen haben, um in jedem Augenblick verläßlich im Bewußtsein zu haben, was sie ist. Wenn nicht, und wenn man an Äußerlichkeiten, Entgleisungen, Umsetzungen von Mitteln der Forschung zum Zweck der Forschung denkt, an die Indienststellung durch Technik, dann verkennt man sie, wie Scheler und Graf Keyserling, als Ausdruck des Machtwillens. Dann sieht man die Wissenschaft nur durch Technik geführt, durch technischen Machtwillen ins Leben gerufen und sieht in ihr gar eine Verkehrung des Wahrheitssinns von vorübergehender, historisch unheilvoller Bedeutung. Diese Mißdeutung ist wie ein geistiges Attentat auf die Vernunft selbst, die die Wissenschaft will und braucht. Jene bösen Folgen aus dem Dienst für einen Machtwillen sind eingetreten. Sie sind zu bekämpfen durch Vernunft und Wissenschaft selber. Aber Ursprung der Wissenschaft ist nicht Machtwille über die Dinge (obgleich auch er eine fördernde Wirkung einmal hier und da gehabt hat), sondern der Wahrheitswille selber. Die verehrungswürdigsten Menschen, die selbstlosesten, ohne Machtwillen, beflügelt von dem Wissenkönnen stehen in der Reihe der großen Forscher und Gelehrten der letzten Jahrhunderte (und andere Gestalten, wie Bacon, Descartes, bei denen man wohl auch an jene Mißdeutung der Sache selbst denken könnte). Der Wahrheitswille, diese Würde des Menschen, ist der Ursprung moderner Wissenschaft in ihrem Wesen, die Souveränität seiner Freiheit, wissen zu können.

Die verwerfenden Behauptungen über Wissenschaft sind möglich nur bei Blindheit für den Sinn der Wissenschaft, aber sie entspringen zum Teil aus einer Grundstimmung der absoluten geschichtlichen Verzweiflung, einer eschatologischen Haltung, die zwar nicht zu widerlegen ist, außer philosophisch durch die Erörterung der Vernunft selber, aber auch nicht zu beweisen ist. Sie findet seit Jahrzehnten einen Widerhall, der die Menschen vorbereitet, durch ihr eigenes Verhalten das Unheil, das sie im Gang sehen, zu fördern. Die so Gestimmten

pflegen außerhalb der Praxis des Lebens zu bleiben oder tumul-
tuarisch und fanatisch blind an ihr teilzunehmen, den Ruin
mitbewirkend, an den sie glauben.

Nun aber wäre die Verkennung der Wissenschaft kaum möglich, wenn die Wissenschaft selbst sich genug wäre. Aber schon
die Wahl der Gegenstände der Forschung ist aus Wissenschaft
allein nicht begreiflich. Ihr eigener Sinn, daß sie sein soll, ist
nicht aus ihr zu begründen. Sie trägt sich nicht selbst. Wo sie
es versucht, gerät sie in die Endlosigkeit gleichgültiger Richtig-
keiten. Immer stößt wissenschaftliche Forschung auf einen ursprünglichen Akt, der eine Voraussetzung der Wissenschaft,
nicht sie selbst ist, schon in dem trivialen Sinn der Interessiertheit an etwas.

Die Unbefriedigung an der Wissenschaft ist Ausdruck für
den Willen zur Wahrheit, die mehr ist und weiter reicht, als in
den Wissenschaften erfüllt werden kann. Marxismus, Psychoanalyse und all das viele andere wären nicht so wirksam, wenn
sie sich nicht an ein anderes Wahrheitsbegehren wendeten, das
sein Recht verlangt. Welche Grenze der Wissenschaft ist es, an der
sie sich anbieten? Diese, daß die Wissenschaft, wo sie rein ist,
nicht das Sein selbst, nicht die ganze Wahrheit trifft, sondern
nur Gegenstände in der Welt in unendlichem Fortschreiten. Wir
wollen ursprünglich mehr als Wissenschaft.

Da liegt nun die Entscheidung. Suchen wir dieses Mehr im
Erlebnis, im Dunkel, im Irrationalen als solchem, oder aus dem
Ursprung möglicher Existenz durch Vernunft?

Wenn wir den zweiten Weg gehen, so wird das Denken frei-
gelassen zur Erhellung des nicht wissenschaftlich Wißbaren,
auch hier mit methodologischem Bewußtsein – nämlich dem
der philosophischen Methoden.

Dann wird die Sprache aller Dinge hörbar, der Mythus sinn-
voll; Dichtung und Kunst werden zum „Organon der Philosophie" (Schelling). Aber die Sprache des Mythus wird nicht
verwechselt mit Wissensinhalt. Was in der Kontemplation
wahrgenommen und dann in der Praxis beschwingend ist, darf

weder ausgelöscht werden noch den Charakter eines Wissens gewinnen, wenn Vernunft die Wahrheitsbewährung erzwingt. Diese Bewährung der Wahrheit ist nicht Prüfung an Erfahrung, sondern am eigenen Wesen, am Aufschwung oder Abfall des Selbstseins durch sie, am Gehalt unserer Liebe.

Immer aber geschieht auch dieses Denken, dieses denkend erhellte Wahrnehmen in der Subjekt-Objekt-Spaltung. Wir stehen einem Gegenstand gegenüber und nur in dieser Weise der Spaltung ist für unser Bewußtsein Klarheit auch von dem, was seinem Sinn nach vor und jenseits dieser Spaltung liegt. Alles, was uns hell gegenwärtig werden soll, muß für uns in die Subjekt-Objekt-Spaltung treten. Diese Spaltung läßt sich nicht wegreden, sondern nur verstehen. Nur in ihr selber, durch die Klarheit in ihr, können wir wahrhaft und wirklich über sie hinauskommen.

Wir bringen uns philosophisch zur Klarheit, daß Subjekt und Objekt zueinander gehören, keines ohne das andere ist. Aber in dieser uns stets gegenwärtigen Beziehung gibt es eine Wesensverschiedenheit von Subjekt und Objekt – etwa das Subjekt als Dasein, als Bewußtsein überhaupt, als mögliche Existenz – und damit eine Wesensverschiedenheit der Art, wie sich Subjekt und Objekt aufeinander beziehen. Zur Klärung führen die Fragen: Mit welchem Subjekt beziehen wir uns auf welches Objekt? – wie ist die Mannigfaltigkeit der Subjekt-Objekt-Beziehung strukturiert? – mit welchem Subjekt vollziehen wir jeweils die Evidenz einer Wahrheit? – wo begehen wir etwa Verwechslungen der Subjekt- und Objektweisen? – wo und wie geht der Weg in die Einheit aller Weisen des Subjektseins und Objektseins?

Ich fasse zusammen:

Wir sehen in Erscheinungen des Glaubensersatzes, von denen wir Marxismus und Psychoanalyse herausgriffen, und in dem dazu gehörenden Verwerfen der echten modernen Wissenschaft im Namen einer eigenen „Wissenschaft" nicht nur einen Irrtum.

Es treibt dahin eine Grundtendenz: der Drang, sich von der
Freiheit zu befreien. Man will die Möglichkeit eigentlichen
Selbstseins vergessen zugunsten einer Welt der vermeintlich
begriffenen Geschichte oder zugunsten einer psychologisch erkannten Realität, die man für das hält, was man ist und sein
kann, kurz: zugunsten eines falschen Totalwissens. Man möchte
das, was nur der Einzelne vermag, das, woraus Staat und Gesellschaft und die Realität des Menschen erst Boden, Führung
und unbedingten Sinn gewinnen, abschieben auf das Ganze
eines Gewußten. Man möchte mit der Totalplanung einen Zustand erreichen, der automatisch das Glück schafft. In einem
Analogon des geordneten Tierstaats statt in der Gemeinschaft
Erkennender, die unter ständigem Anspruch auf dem Wege
ihrer Freiheit bleiben, meint man das Menschsein zu verwirklichen.

Aber keineswegs müssen wir den Gang der Dinge als etwas
Unausweichliches sehen, das notwendig geschieht und an dem
niemand etwas ändern kann.

Dieser Totalaspekt ist aus dem Bewußtsein der faktischen
Ohnmacht des Einzelnen in der je augenblicklichen Lage der
Weltgeschichte objektiviert zu einem vermeintlich absoluten
Wissen. Gar das metaphysische oder gnostische Totalwissen
von einem Seinsgeschehen ist ein böser oder schöner Traum.

Wohl aber können wir den Gang in einzelnen Zusammen-
hängen erkennen, z. B. wie das Totalwissen und die ihm folgende Totalplanung zu wachsendem Chaos führt, zur Vernichtung der lebendigen Ordnung und ihren Ersatz durch terro-
ristisch-mechanische Ordnung, – oder wie die Psychoanalyse
die Tendenz hat, den Menschen zu verwandeln nach dem Bilde,
das sie von ihm macht, und wie er durch sie in eine Verwahrlosung der Seele gerät, die er Krankheit nennt und durch diese
Weise des Erkennens unter der Erwartung einer Heilung neu
hervorbringt.

Was aber ist es, was preisgegeben wird auf all diesen Irr-
wegen? Es ist nicht aufzuweisen als irgend etwas, nicht als
gegenständlich vorhanden zu beweisen, nicht zu beobachten,

in keiner Anschauung, durch keinen Mythus, durch keine Dichtung vor Augen zu stellen. Es ist das, was der Mensch sein kann, wenn er er selbst wird. Es ist die mögliche Existenz und ist diese durch Vernunft.

Die gezeigten Irrungen sind zu überwinden durch zwei Akte: erstens durch den Erwerb wissenschaftlicher Methode, mit der die Unwahrheit des Totalwissens, der pseudomythischen Objektivierungen durchschaut wird, mit der – mehr als dies – der Grund aller Wahrhaftigkeit gelegt wird, – davon war heute die Rede – und zweitens durch den Sprung in den bildlosen, unobjektivierbaren, sich selbst hervortreibenden Ursprung unserer selbst, in die Vernunft, – davon möchte ich morgen sprechen.

Zweite Vorlesung

VERNUNFT

Gestern war von der Wissenschaftlichkeit die Rede als Voraussetzung jeden wahren Denkens heute. Wissenschaft zu begreifen, Wissenschaftlichkeit als verläßliche Haltung zu gewinnen, erfordert eigene Forschungsversuche, wie sie jeder Student in den Laboratorien, Seminaren, Instituten und in freier Arbeit beginnt, d. h. methodisches Umgehen mit den Dingen selber, – und es erfordert methodologisches Bewußtsein.

Aber Wissenschaft ist nicht genug, um Wahrheit zu erfassen. Heute soll von jenem Mehr die Rede sein, von der Vernunft, aus der auch erst der Sinn der Wissenschaft und die Forderung begründet wird, daß Wissenschaft sein soll.

Im Sprachgebrauch ist Vernunft identisch mit dem Verstand. In der Tat tut sie keinen Schritt ohne Verstand, aber sie übergreift ihn.

Was ist Vernunft? Dieses große Thema der Philosophie ist nicht erschöpft durch das Denken der Jahrtausende, hat keine Vollendung durch systematische Erkenntnis. Ich versuche die Vernunft zu charakterisieren.

Vernunft ist in Bewegung ohne gesicherten Bestand.

Sie drängt zur Kritik jeder gewonnenen Position, steht daher im Gegensatz zu der Neigung, sich durch endgültig feste Gedanken vom weiteren Denken zu befreien.

Sie verlangt Besonnenheit – sie steht im Gegensatz zur Willkür.

Sie vollzieht die Selbsterkenntnis und, mit dem Wissen um Grenzen, die Selbstbescheidung – sie steht im Gegensatz zum Übermut.

Sie verlangt unablässig zu hören und kann warten – sie steht im Gegensatz zum verengenden Rausch des Affekts.

In diesen Bewegungen arbeitet sich Vernunft heraus aus den Fesseln des Dogmatischen, der Willkür, des Übermuts, des Rausches, – aber wohin?

Vernunft ist der Wille zur Einheit. Die Schwungkraft der Vernunft und die Vorsicht ihres Hellwerdens erwächst aus der Frage, was diese Einheit sei.

Sie will nicht irgendeine Einheit ergreifen, sondern die wirkliche und einzige Einheit suchen. In allem vorzeitigen und teilweisen Ergreifen von Einheit, wenn diese die letzte und absolute sein soll, weiß sie sich verloren. Denn sie will das Eine, das alles ist.

Daher darf sie nichts auslassen, was ist, nichts fallen lassen, nichts ausschließen. Sie ist als sie selbst grenzenlose Offenheit.

Wenn sie aus ihrem Wesen heraus den Maßstab des Allgemeingültigen aufstellt, scheint sie selbst diesen nicht absolut gelten zu lassen. Denn, um die Einheit von allem nicht zu verlieren, geht sie alsbald gerade auf das an diesem Maßstab Unbegründete zu, auf die durchbrechende Ausnahme und auf die unbegriffen fordernde geschichtliche Autorität. Aber bei diesen bleibt sie wiederum nicht stehen, denn auch diese sind, gemessen am fordernden Einen, nur ein Vorläufiges im Zeitdasein. In keiner Großartigkeit, in keiner Herrlichkeit der Welt kann sie Ruhe finden, die Frage aufhören lassen.

Vernunft wird angezogen von dem Fremdesten. Noch was im Durchbruch des Gesetzes des Tages als Leidenschaft zur Nacht zerstörende Wirklichkeit wird, möchte sie im Erhellen zum Sein bringen, ihm Sprache leihen und nicht im Nichts verschwinden lassen. Vernunft will nicht durch Vergessen schuldig werden, nicht in einer Scheinharmonie das Eine verlieren, nicht durch Verschleierung sich betrügen. Sie drängt immer dorthin, wo eine Einheit durchbrochen wird, um im Durchbruch noch eine Wahrheit dieses Durchbruchs zu erfassen. Im Zerbrechen jeder sich dadurch als unzureichend erweisenden Einheit schönen Scheins will sie den metaphysischen Bruch, das Zerreißen des Seins selbst, der eigentlichen Einheit, verwehren. Die Vernunft, selber Ursprung der Ordnung, geht daher auch noch mit bei dem die Ordnung Vernichtenden. Sie bleibt das Mitleben, das Hören vor dem Fremdesten, vor dem Einbrechenden, vor dem Versagenden.

Vernunft möchte allem, was ist und darum Sprache gewinnen können muß, sich zuneigen, es zu bewahren, es aus sich selbst heraus zur Geltung kommen zu lassen.

Um das Eine suchen zu können, muß der Suchende selber eins werden. In unvergeßlichen, nicht allzu häufigen Sätzen hören wir die Forderung aus der Philosophiegeschichte. Plato sah den Menschen als ihn selbst erst dann, wenn er mit sich selbst eins sei, sich nicht widerspreche, – und sah das größte Unheil für ihn darin, daß er in sich selber zerfalle, indem er einmal dieses, einmal jenes meine und sei, ohne Bezug aufeinander, im Wirbel des Zufalls. Kant hat es wiederholt und Weininger sagt vielleicht mit Recht, Kants Ethik sei „die einzige, welche die harte und strenge innere Stimme des Einen nicht durch den Lärm des Vielen undeutlich zu machen sucht". Er erinnert an Goethe: „alles könne man verlieren, wenn man bleibe, was man ist", – und an Ibsens Brand:

> „Und eure Opfer? – Alle Götzen,
> Die euch den ewigen Gott ersetzen . . .
> Der Siegespreis? – Des Willens Einheit."

Auf die Einheit des Einen gerichtet, will Vernunft allem, was ist, gleichsam zu seinem Recht verhelfen. Aber Vernunft, die alle schlafenden Ursprünge zu erwecken vermag, bringt doch nichts aus sich selbst hervor. Eindringend in das Herz alles dessen, was ist, vermag sie es schlagen zu lassen, daß es sich bewegt und sich zeigt. Aber sie muß auf das Herz der Dinge treffen, um wirksam zu werden.

Vernunft weist daher auf beides: das Unerreichbare jenes Einen, von dem unendlich angezogen sie denkt, – und auf das Andere der Ursprünge, die, durch sie zum Leben gebracht, vernehmbar werden. Vernunft bewirkt, daß, was ist und sein kann, sich entfalten muß, sie ist das Allaufschließende. Und sie treibt das Aufgeschlossene hin zu dem Einen, auf das bezogen es nicht ins Nichtige des Zerstreuten versinkt.

Diese kurze Charakteristik der Vernunft möchte ich nun ergänzen durch Erörterung einiger Möglichkeiten durch Vernunft.

Vernunft ist eins mit dem uneingeschränkten Kommunikationswillen. Vernunft, weil alloffen auf das Eine in allem Seienden gerichtet, verwehrt es, Kommunikation abzubrechen. Wenn der Abbruch im Dasein erzwungen wird, so kann sie dies niemals als grundsätzlich notwendig anerkennen. Vernunft fordert mit unbeirrbarem Vertrauen in die unübersehbaren Möglichkeiten aus dem Seinsganzen, die Kommunikation immer wieder zu wagen. Sie zu verneinen, ist ihr wie die Verneinung der Vernunft selbst.

Aber noch mehr: für Vernunft im Zeitdasein ist Wahrheit an Kommunikation gebunden. Kommunikationslose Wahrheit wird ihr identisch mit Unwahrheit. Wahrheit, die sich an Kommunikation bindet, ist nicht fertig, horcht in der Mitteilung auf Widerhall und prüft sich selbst und den anderen. Sie ist unterschieden von aller einseitigen Verkündigung. Nicht ich bringe die Wahrheit, sondern ich suche mit dem Begegnenden nach der Wahrheit, hörend, fragend, versuchend.

Wahrheit kann in der Zeit nicht vollendet sein, weil die Kommunikation nicht vollendet ist. Die Unvollendung der Kommunikation aber wird zur Offenbarkeit einer Tiefe, die nichts zu erfüllen vermag, als die Transzendenz oder das Sein, das nicht wird, vielmehr über Sein und Werden hinaus – ist.

Nun können wir sagen: wenn Gott ewig ist, so ist für den Menschen in der Zeit Wahrheit als in Kommunikation werdende Wahrheit.

Vor der Transzendenz aber verschwindet die Unvollendung der Kommunikation und damit der Wahrheit. Wir sind in der Zeit getroffen von einem ungewußten Ausgangspunkt, dem Einen, auf das hin unsere kommunikative Wahrheit Sinn und von woher sie Erfüllung hat: in der Zeit quer zur Zeit. In spielenden Symbolen vergegenwärtigen wir uns diese Grundwirklichkeit, in Bildern eines vorzeitlichen Ursprungs der zeitlichen Kommunikationsnotwendigkeit oder einer kommunikationsüberwindenden Endvollendung ewigen Einklangs. Im

Ursprung war das Eine, die Wahrheit, wie sie uns jetzt unzugänglich ist. Aber das verlorene Eine ist der Ruf aus der Tiefe aller Zeitlichkeit, als ob es in der Zerstreuung durch Kommunikation wiedergewonnen werden solle, als ob die Verwirrung im Vielen sich lösen könnte zur Ruhe im Einssein, als ob eine vergessene Wahrheit in der Zeit nie wieder erreicht würde, aber doch ständig gegenwärtig sei in der Bewegung auf sie hin.

Vernunft nun ist der Raum dieser uneingeschränkten Kommunikation. Aber sie ist nur ein Minimum. Denn die Kraft der Kommunikation kommt erst aus der Liebe, aus der geschichtlichen Existenz, nicht schon aus der ungeschichtlichen Vernunft, die von dort vielmehr ihren Antrieb und ihre Erfüllung hat.

Dieses Minimum schon beflügelt den Philosophierenden. Es gibt die hohen Augenblicke freier Vernunft im Gegenseitigsein der sich zugleich immer noch sehr fremden Menschen, dieses Sichtreffen durch Vernunft im Raum der absoluten Möglichkeit. Vernunft ist dann noch nicht die Wirklichkeit der Liebe, aber ihrerseits schon Freiheit, und dann Bedingung der Wahrheit und Reinheit auch der Liebe. –

Eine weitere Möglichkeit der Vernunft ist die radikale Loslösung als Weg, um dem Ursprung des Einen sich zu nähern.

Das endlich und bestimmt Gewordene verführt, von uns an die Stelle des Einen gesetzt zu werden, wie solche Gestalten in zahllosen historischen Objektivierungen uns vorkommen. Vernunft ergreift die negative Kraft des Verstandes, die an allem die Schranken zeigt, jede Endlichkeit kritisch zu zersetzen vermag und zuletzt zu dem merkwürdigen Gedanken fähig ist, von allem, was überhaupt ist, abzusehen. Leibniz, Kant, Schelling konnten die Frage aufwerfen, die Schelling so formulierte: warum ist überhaupt etwas, warum ist nicht nichts? – eine Frage, die offenbar sehr billig ist, als eine leere Verstandesspielerei erscheint, keine Verstandesantwort zuläßt, – und die doch jene Philosophen ergriff. Sie erfuhren durch jenen Gedanken eine Bodenlosigkeit, aus der nur eine neue Weise allen Wissens vom Sein einen ganz anderen Boden wiedergewinnen läßt. Die

Frage bringt uns die Gegenwärtigkeit des Seins zum Bewußtsein als das uns Unbegreifliche, Undurchdringliche, das vor all
unserem Denken schon ist und auf uns zukommt. Die einfache
Frage, für den Verstand nichtig, ist für Vernunft eine Form,
die es unserer Existenz ermöglicht, sich am Leitfaden dieses
Gedankens hinauszuschwingen aus aller endlichen Gebunden-
heit dorthin, woher wir kommen, aus dem noch vor aller Welt.

Diese Vernunft, allumgreifend, negativ absehend von jeder
Bestimmtheit, positiv bezogen auf das Eine, läßt mit einem
Schlage alles, was ist, auf eine neue, wundersam transparente
Weise wieder da sein, sprechend wie nie zuvor. –

Noch eine andere Weise der Loslösung vollzieht die Vernunft. Das Ewige wird Gegenwart nur in geschichtlicher Gestalt. Geschichtlichkeit ist existentiell die Einheit von Zeitlichkeit und Ewigkeit, dieses, daß, was ewig ist, als Erscheinung in
der Zeit entschieden wird. Wir sind als Existenz im Dasein
geschichtlich, nicht der Fall eines Allgemeinen.

Diese Geschichtlichkeit bedeutet Fülle und Bindung. Wir
sind mit ihr identisch. Aber wir transzendieren über sie, indem
wir ihres Charakters uns bewußt werden durch Vernunft. Wir
vermögen unter Bewahrung unserer Geschichtlichkeit durch
sie selbst heimzukehren zum Übergeschichtlichen.

Ohne Vernunft in der Geschichtlichkeit gefangen, werden
wir beschränkt in der Existenz, weil ihrer eigenen Geschichtlichkeit nicht eigentlich inne. Indem Vernunft uns durch ihre
Operation gleichsam heraushebt, bringt sie uns erst zum vollen Bewußtsein unserer Geschichtlichkeit und bereitet uns zugleich einen Ort, wo wir zwar nicht zu Hause, aber auf den
bezogen wir hier gegenwärtig besser zu Hause, weil dort gebunden sind.

Wohl möchte Vernunft mit Gedanken des Verstandes erfassen, was dieses sei, dies vor aller Erscheinung, vor aller Zeit,
vor der Welt, aber ebenso gut das nach ihr, vielmehr keines
von beiden, sondern etwas in der Erscheinung, in der Zeit, in
der Welt, das eigentliche, ungeschichtliche Sein selbst. Es ist
das, was nicht wird, sondern ist. Aber die Vernunft kann es

nicht denken, sondern nur es rein halten vor der Befleckung durch falsches Denken, das es in Kategorien, Bildern, Wortgebilden einfangen möchte. –

Wenn wir von Vernunft sprechen, so wäre zwar viel von ihren Verzweigungen zu sagen, von ihren konkreten Vollzügen zu berichten, aber all dies und ihren Grund, und was sie im ganzen sei, umschreiben wir unvermeidlich selber in geschichtlicher Form. Meinen wir hier ungeschichtlich manchmal mehr zu wissen, als wir in immer geschichtlicher Form denken und sagen können, sehen wir uns um nach Verwandtem.

In anderer Sprache reden Buddhisten und Taoisten von dem Nichts, von der Leerheit, die zu erreichen die Fülle selbst sei. Das Leere ist als das Aufnehmende, ist als das Allumfassende gedacht – was weniger ist als jedes Sein und mehr ist als alles – das Nichts, das den Reichtum des Alls in der Möglichkeit faßt, und das wirklich ist in dem Weisen, der die Erkenntnis gewonnen hat. Dieses Nichts schwankt, ausgesagt, notwendig in der Zweideutigkeit zwischen dem Sein, das zugleich Führung für den ist, der dorthin gelangt ist, und der absoluten Leerheit, die der Abgrund und in der Tat unerfüllbar nichts ist. Viele Formeln dieses Denkens können wir uns verständlich machen in Analogien zur Vernunft, dieses Umgreifenden, in dem von allem abgesehen und dann alles erst eigentlich wiederhergestellt wird.

Wenn das Leere der Asiaten und die Vernunft der Abendländer irgendwo zu koinzidieren scheinen, so nicht durch etwas abstrakt denkbares Gemeinsames, sondern im Ursprung, in den beide treffen.

Die geschichtliche Erscheinung dieser umgreifenden Wahrheit in Form und Gebärde, im Aussehen und in der Atmosphäre, dieses, was schlechthin nicht allgemein wird, dies Geheimnis der Erscheinung ist aber nicht das bloß Individuelle alles Natürlichen, sondern dieses aufgehoben im Geist, beseelt von der Existenz, sublimiert und durchdrungen von der Transzendenz, die durch dies als Vernunft in der Zeit zu sprechen scheint allein in absolut geschichtlicher Gestalt.

Wenn wir – innerhalb der Versuche, Ost und West radikal
zu unterscheiden – die Bewegung des Abendländers entgegen-
setzen der Ruhe des Asiaten, so treffen wir nur eine Polarität
in der Vernunft selbst, die beiden (Ost und West) eigen ist. Es
ist die Spannung, die ihrerseits wieder hier und dort geschichtlich zur Erscheinung kommt, aber in der Erscheinung nicht
durch allgemeine Kategorien zureichend unterscheidbar ist.
Die Geschichtlichkeit selber wird nie zum erkennbaren Gegenstand. Wir wissen voneinander nichts Wesentliches, außer wenn
wir miteinander in Kommunikation treten.

Erscheinungen bei Ausbleiben der Vernunft sind endlos zu
charakterisieren. Ein Prinzip der Unvernunft ist der Daseinswille, der sich den Vorrang gibt. Zur Kontrastierung läßt sich
formulieren:

Vernunft verbindet, bloßes Dasein trennt. Der Daseinswille
will nur sich selbst, stellt alles andere unter die Bedingung,
das eigene Dasein darin gestärkt zu finden. Das Dasein ver-
schleiert seinen Eigenwillen im Gewande von Sachlichkeit,
seine Einsamkeit im Reden von Gemeinschaft und in Gebärden der Zuneigung.

Vernunft hält offen für alles Umgreifende und vertieft jede
Bindung durch Erhellung, erwirkt die Kontinuität der Existenz. Die Unvernunft verschließt das Dasein in sich, verleug-
net Gesagtes und Getanes. Bindung an Stolz und Vorteil er-
zwingen nützliches Vergessen und vernichten Treue gegen andere und gegen sich selbst. Mit der Versunkenheit ins Dasein
bleibt das absolut Trennende, die Leerheit des Ohneeinander.
Keine Vergangenheit trägt, ständig wird von vorn begonnen.
Daher scheint alles ins Nichts zu verschwinden.

Während das Denken im Dienst der Vernunft kritisch ist,
Wahrheit will, sucht das denkende Dasein seine Selbstrechtfer-
tigung in Sophistik und seine Seinsgewißheit im Aberglauben
metaphysischer Gnosis.

Und nun das Entscheidende: Vernunft ist nicht da von Natur, sondern wirklich nur durch Entschluß. Sie ereignet sich nicht von selber, wie Naturgeschehen und wie das gesamte menschliche Dasein, soweit es Naturcharakter hat, sondern sie erwächst der Freiheit.

Der Entschluß wird sich bewußt angesichts der menschlichen Gemeinschaft im Zusichkommen des Einzelnen, daß er weiß, was er will.

Werfen wir zuerst den Blick auf die menschliche Gemeinschaft.

Es gibt einen Optimismus, die Wahrheit werde sich durchsetzen. Wir müssen eingestehen, daß keineswegs darauf zu rechnen ist. Wahrheit kann vernichtet werden. Die Ketzergeschichte ist zu gutem Teile eine Geschichte solcher in ihrer geschichtlichen Wirklichkeit gewaltsam vernichteten Wahrheit. Totalitäre Staaten zeigen, daß ganze Bevölkerungen sich dumm machen lassen durch Vorenthaltung von Nachrichten, durch Verbot freier öffentlicher Diskussion, durch Gewöhnung an ständig wiederholte Unwahrheit.

Der Optimismus sagt weiter, Wahrheit bringe immer nur Gutes. Aber Wahrheit kann für unseren endlichen Blick so schreckliche Folgen haben, daß Schiller schrieb: nur der Irrtum ist das Leben und die Wahrheit ist der Tod.

Erst wenn wir uns klar gemacht haben, daß in solchen allgemeinen Sätzen mit dem Worte Wahrheit ein vieldeutiger, ja unerschöpflicher Sinn verbunden ist, wenn wir uns überzeugt haben, daß Wahrheit nur im Zusammenhang und nur im ganzen aller Zusammenhänge und Stufen wirklich Wahrheit ist, also in der Endlichkeit und Zeitlichkeit in bestimmter Fassung immer irgendwie noch mit Unwahrheit verbunden ist, und daß dieses nur in eingehender philosophischer Systematik deutlich werden kann, – dann können wir statt des vorschnellen Optimismus ein Vertrauen zur Wahrheit gewinnen, das sich selbst nicht beweisen läßt, sondern schon den Charakter des Entschlusses und des Glaubens hat.

Diese umgreifende Wahrheit hat Goethe im Sinn: „Es ist nichts groß als das Wahre und das kleinste Wahre ist groß ... auch eine schädliche Wahrheit ist nützlich, weil sie nur Augenblicke schädlich sein kann und alsdann zu anderen Wahrheiten führt, die immer nützlich werden müssen, und umgekehrt ist ein nützlicher Irrtum schädlich, weil er es nur augenblicklich sein kann und in andere Irrtümer verleitet, die immer schädlicher werden."

Dieses Vertrauen zur Wahrheit schließt in sich das unablässige Bemühen um Wahrheit. Nicht die vermeintliche Wahrheit, die ich besitze, und die ich zu haben meine, wenn ich etwa in Wut nun „einmal die Wahrheit sagen" will, ist die Wahrheit. Vielmehr liegt im ständigen Infragestellen und kritischen Sichaneignen erst die Wahrheit. Diesem Weg zu folgen, ist selbst der Entschluß, in der Welt von Unvernunft und Widervernunft leben zu wollen aus Vernunft, ohne zu wissen, was daraus hervorgehen wird, im unablässigen Forschen, im Versuchen und im Wagnis, und im Nichtwissen. Es ist der Entschluß, der sich nicht mehr begründen kann als allein durch die Selbsterhellung der Vernunft im Blick auf die Erscheinungen und Folgen der Unvernunft und Widervernunft.

Blicken wir auf den Einzelnen:

Der Mensch findet sich nicht vor als vernünftig, sondern kehrt sich aus seinem ihm gegebenen Dasein gleichsam um. Er gelangt aus eigener Freiheit, nicht von selbst, auf den Weg der Vernunft.

Daß er es kann, ist ein Geheimnis. Er verdankt sich sich selbst und weiß doch nicht, wie er dazu fähig war. Er sieht die Grenze seiner Freiheit, daß er erst wollen kann, wenn er frei ist, aber nicht die Freiheit wollen kann. Daher weiß er sich selbst gleichsam geschenkt, ohne zu wissen, zu erfahren, durch irgendein verläßliches Erlebnis zu spüren, daß er einer anderen Macht sich verdankt. Er weiß sich selbst geschenkt, ohne den Ursprung zu wissen, – ein Geschenktsein, das den Charakter hat, sich darin sich selbst zu verdanken, alle Anspannung, Offenheit, guten Willen fordernd.

Dieser Schritt im Entschluß zur Vernunft – was zusammenfällt mit dem Entschluß zur Freiheit, zur Wahrheit, zur Unbedingtheit der existentiellen Entscheidung – geht gegen die
Natur, das Geschehen, das Notwendige. Man kann ihn das
Unnatürliche nennen gegen die „Unschuld der Natur". Es ist
der Entschluß, in der Wahl des zu Übernehmenden die Schuld,
in der gegenwärtigen Entscheidung die Verantwortung anzu-
erkennen. Er bedeutet die Verwerfung der einschläfernden,
bösen Trostworte: man müsse vergessen, das sei das Leben, –
was geschehen sei, sei notwendig gewesen, es konnte nicht anders sein – nein: erst im Bewußtsein der Schuld werde ich frei,
sonst bleibe ich Knecht der Natur, und ich werde frei nur im
Entschluß, der wie eine Wiedergeburt ist, eine Umwandlung,
eine Revolution meiner Denkungsart selber. So sahen es Plato,
so die biblische Religion, so Kant.

Es ist ein Zurückfinden aus dem Mir-so-gegebensein zum
Selbstdenken als Grund des Ernstes der Verantwortung, –
aus der Zerstreutheit des Kommens und Gehens zum Ursprung,
– aus den verschleiernden Verwicklungen zum Einfachen, –
aus dem Gehenlassen zum Entscheidenden.

Unser Tun, das Sinn hat, hat überall einen Ansatzpunkt
in der Welt. Hier in der Umwendung des philosophischen Entschlusses wird etwas getan, das technisch keinen Ansatzpunkt
hat. Es ist das Geheimnis und zugleich die Gegenwärtigkeit
des inneren Handelns, dieses Umgangs mit sich selbst im Ergreifen des Unbedingten.

Hier in der Umwendung ist der Ursprung aller echten, unbedingten Kommunikation, hier der Grund der Verläßlichkeit im Unberechenbaren.

Vernunft verwirklicht sich mit Existenz nur durch einen
Sprung aus der scheinbar geschlossenen Realität des Daseins
in die Wirklichkeit des Seins selbst.

Die Revolution der Denkungsart, der Entschluß, psychologisch nicht erkennbar, ist von Philosophen erörtert. Es gibt
in ihren Werken verborgene Stellen, die offenbar auf persönlicher Erfahrung beruhen. Ich wähle als Beispiel Kant. Er

spricht von dem Charakter, der nicht ein besonderer Charakter als einer unter mehreren Möglichkeiten ist, sondern vom Charakter schlechthin, den der Mensch sich selbst gibt dadurch, daß er sich an Grundsätze bindet, die er sich durch eigene Vernunft unabänderlich vorgeschrieben hat. Von diesem Charakter sagt er:

„Der Mensch, der sich eines Charakters in seiner Denkungsart bewußt ist, hat ihn nicht von der Natur, sondern muß ihn jederzeit erworben haben. Man kann auch annehmen: daß die Gründung desselben gleich einer Art der Wiedergeburt eine gewisse Feierlichkeit der Angelobung, die er sich selbst tut, sie und den Zeitpunkt, da diese Umwandlung in ihm vorging, gleich einer neuen Epoche ihm unvergeßlich mache: – Erziehung, Beispiele . . . könne diese Festigkeit in Grundsätzen überhaupt nicht nach und nach, sondern gleichsam durch eine Explosion . . . bewirken. Vielleicht werden nur wenige sein, die diese Revolution vor dem dreißigsten Jahre versucht, und noch wenigere, die sie vor dem vierzigsten fest gegründet haben. – Fragmentarisch ein besserer Mensch werden zu wollen, ist ein vergeblicher Versuch . . . die Gründung eines Charakters ist absolute Einheit des inneren Prinzips und Lebenswandels überhaupt . . ." Und dann: „Mit einem Worte: Wahrhaftigkeit . . . sich zur obersten Maxime gemacht, ist der einzige Beweis des Bewußtseins eines Menschen, daß er einen Charakter hat; und da diesen zu haben das Minimum ist, was man von einem vernünftigen Menschen fordern kann, zugleich aber auch das Maximum des inneren Wertes (der Menschenwürde): so muß, ein Mann von Grundsätzen zu sein . . . der gemeinen Menschenvernunft möglich . . . sein."

In der Gegenwart hat Koestler merkwürdige und ergreifende Worte über die Verwandlung gefunden, die ihn aus dem Kommunismus befreit und zu dem glühenden Verteidiger der Freiheit und Menschlichkeit gemacht hat. Er spricht von dem „Erlebnis", das, „sobald man es in Worte kleide, immer im falschen Gewand der ewigen Gemeinplätze" erscheine, – „daß der Mensch eine Realität ist und die Menschheit eine Abstraktion; – daß man Menschen nicht als Zahlen in einer politischen Gleichung behandeln kann, weil sie sich wie die Zeichen für Null oder Unendlich verhalten, die alle mathematischen Berechnungen aus den Fugen bringen, daß der Zweck die Mittel nur innerhalb sehr enger Grenzen heiligt, daß die Ethik nicht nur eine Funktion sozialer Nützlichkeit ist und Nächstenliebe kein kleinbürgerliches Sentiment, sondern die Gravitationskraft, die jede Zivilisation zusammenhält".

„Nichts muß platter klingen", schreibt er, „als wenn man ein Erlebnis, das sich schon seiner Natur nach jedem sprachlichen Zugriff entziehen muß, in Worte zu fassen versucht, und dennoch war jeder einzelne dieser trivialen Gemeinplätze unvereinbar mit dem kommunistischen Glauben."

Koestler nennt Erlebnis, was in der Tat Entschluß ist in einer Revolution der Denkungsart.

Scheut er sich als Mann der Schrift und der schriftlichen aktuellen Wirkung vor bekannten Worten und Sätzen? Steht die Verachtung des Einfachen und in der Sprache Geläufigen vielleicht im Zusammenhang mit der modernen Neigung zur betonten Originalität, mit der Abwertung alles dessen, was man traditionell nennt? und verfällt er dann selber auf ein so abgebrauchtes und irreführendes Wort wie Erlebnis?

Ist es wahr, daß ewige Gemeinplätze platt klingen? Diese Abschätzung ist verständlich, weil zuviel Mißbrauch mit ihnen stattfand durch billige Erbaulichkeit, einfaches Herreden, lieblose Anwendung. Aber ich möchte die Mißachtung abwehren.

Ist es vielleicht umgekehrt, daß die einfachen Sätze unerschöpflich sind? Müssen sie nicht ständig neu ausgelegt und angeeignet werden, weil ihre Wahrheit unergründlich ist? Ist das Ergreifen des Uralten nicht auch heute noch als die im Grunde wesentliche Wahrheit für uns an jenen alten Formeln zu gewinnen?

Solche Grundsätze wie der Kantische Satz, daß der Mensch nie nur Mittel sein dürfe, sondern immer auch Selbstzweck bleiben solle, – oder Platos: Unwissenheit sei das größte Un-

heil, – die zehn Gebote – und die großen ewigen Grundgedanken des Philosophierens, sie lassen sich leicht hersagen, aber
sie wirklich zu verstehen und sich anzueignen, dafür bedarf es
mehr als den bloßen Verstand, das erfordert Vernunft. Sie
wirklich zu eigen zu gewinnen, ist auch heute Voraussetzung
jeder Philosophie, die wahr sein will.

Die einfachen Grundsätze der philosophischen Vernunft
können inhaltlos erscheinen, bloß formal, weil in der All-
gemeinheit nichtssagend. Aber gerade dadurch sind sie von
allumgreifender Bedeutung. Sie wirken wie Zaubersprüche,
die doch der Vernunft durchsichtig sind. Sie erinnern an das
Entscheidende, ohne befangen zu machen. Sie machen sehen
und geben Impulse. Durch ihren formalen Charakter vermögen sie unserer Blindheit gleichsam den Star zu stechen,
aber das konkrete Sehen geben sie unserer Freiheit anheim.
Sie sind nicht Verkündigungen, sondern sie erfordern die Vernunft des Entgegenkommenden, der sie hört und sich zu eigen
macht, indem er selber anders wird, den Entschluß gewinnt.

Vernunft schafft den Denkraum, in dem, was ist, aufgefangen werden kann, als eigenes Wesen Sprache gewinnt und damit Geltung. Dieser Raum der Vernunft ist wie Wasser, Luft
und Licht, worin alles Leben gedeihen kann, darum begierig
nach Erfüllung durch solches Leben, aber unter der Bedingung,
durchdrungen zu werden von der Vernunft.

Dasselbe anders ausgedrückt: Vernunft erhellt das Unbe-
dingte, aber bringt nicht den Gehalt selbst. Sie bringt die Formen, die noch der Erfüllung bedürfen, um wirklich zu werden
in der Zeit. Sie versteht die Geschichtlichkeit, ist aber selbst
wesentlich nicht geschichtlich. Sie schafft den Raum für die
Unbedingtheit der Gehalte der Existenz.

Die Grenze der Vernunft liegt nach der einen Seite in der
Daseinsrealität, die ihr gegeben wird als vernunftfremd, und
nach der andern Seite in der Wirklichkeit, die ihr als Existenz
ins Grenzenlose vernünftig erhellbar gegeben wird. Von dieser Existenz wird die Vernunft selber getragen, während Exi-

stenz durch Vernunft erst zur vollen Wirklichkeit kommt. Vernunft und Existenz sind untrennbar.

Vergegenwärtigen wir die Einheit der Bewegung von Vernunft und Existenz, und zwar in Verwirklichung und Scheitern, mit einigen Sätzen über die Liebe, die selbst nicht Vernunft, aber vernünftig ist – so daß Plato Eros und Erkennen als eins fassen konnte.

Liebe ist eingesenkt in das Dasein, in bedingungsloser Identität, ist geschichtlich. Von ihr ergriffen, ist es, als ob ich nun erst wirklich bin. Ich komme zu mir selbst, alles was ist, leuchtet auf. Jetzt erst ist es ernst geworden mit dem Leben. Was ich nun tue, ist mir, als ob es erfaßt sei oder verworfen werde von der Ewigkeit, oder als ob es eine Erinnerung des Ewigen würde oder in die Leere des Nichts versinke.

Wenn der Liebe Verwirklichung vergönnt ist, so ist es das Glück der Entfaltung eines Lebens. Menschen erkennen sich gleichsam wieder in der Zeit. Die Welt wird ihnen zur Sprache der Transzendenz. Jenseits von Recht und Vertrag und jenseits von Moral ist ihnen die Verläßlichkeit unerrechenbar in transzendentem Grunde entsprungen. Das Dasein wird auf dem Grunde des tiefsten Ernstes nun wie ein Spiel vollzogen, in der Aufgeschlossenheit, tiefer gegenwärtig wachsend unter dem Schatten des allem Dasein zukommenden Endes.

Oder die Verwirklichung der Liebe scheitert. Der eine geht im Dasein verloren durch Tod, Geisteskrankheit, Untreue. Der allein gebliebene Liebende scheint hinzuwelken. Aber aus diesem Welken erwächst ein wundersames Leben, als ob der Liebende selbst gestorben sei und nun von anderswoher jetzt hier wirke, duldend, in hingebender Menschenfreundlichkeit, aber in unendlicher Distanz, verzehrend unglücklich im Nichtdabeiseinkönnen beim Leben, doch so tief anwesend als ein Andersgewordener, daß mancher in der Berührung mit ihm sich unbegreiflich angezogen und selber verwandelt fühlt, ihn erblickend wie einen gefangenen guten Dämon, der niemandem gehört, an zufällige Begegnungen seine Fürsorge, nicht aber eine Spur von sich selbst verschwendend. Was dort ist und geschieht, scheint unobjektivierbar, ist als Faktum unbeweisbar, entzieht sich jedem Griff des Gedankens, ist nur schweigend zu sehen, ergreifend und nie vergeßbar.

Umkreisen wir eine andere Liebe, die Liebe zur Herkunft, Heimat, zum geschichtlichen Grunde, im Wissen, herzustammen aus einer Wurzel. Ich weiß mich getragen und umfangen bis in die Daseinsrealitäten der täglichen Umgebung, weiß mich geführt aus diesem Grunde, den ich um so entschiedener übernehme, je mehr ich ich selbst werde.

Aber diese Liebe kann in Verwirrung geraten. Der Mensch kann abgerissen werden von seinem Grunde. Die Millionen verjagter Emigranten, Vertriebenen, Flüchtlinge – vor allem in Europa und in China, – erfahren diese furchtbare Wirklichkeit. Die Liebe hat die leibhaftige Gegenwart ihrer Welt verloren. Der Mensch wird verraten vom eigenen Vaterland und Volk oder vergewaltigt von fremden Staatsmächten. In Hoffnungslosigkeit lebt er sein Dasein, ausgeschlossen von geschichtlich teilnehmender Verwirklichung, wissend, nicht dazu zu gehören. Der Ernst seiner Liebe kann nicht verschleiern. Er kann keinem anderen Vaterlande zugehören. Bodenlos schwebt er im leeren geschichtslosen Raum, von erbarmungsloser Gleichgültigkeit auf sich selbst allein zurückgeworfen.

Aber nun kann wie in der Verlorenheit des Liebenden die Verwandlung erfolgen, die zum erstenmal Plato vollzog, der für alle Zukunft die Möglichkeit zeigte: aus der Liebe des Verlorenhabens, aus der Verzweiflung des Nichtkönnens erwächst das Denken über die Bedingungen und Gründe gemeinschaftlichen Lebens. Was jetzt nicht wirklich ist, soll denkend vorbereitet werden. Dieses Denken wird seine Gestalt haben durch die weltgeschichtliche Lage, in der gedacht wird. Wenn ein Mensch im Blick auf das mögliche Kommende sich eingestehen muß, vom politischen Vaterland verworfen zu sein, dann wird er nicht aufgefangen durch ein anderes Vaterland, das es nicht gibt, sondern vom Vaterlande der Menschheitsgeschichte. Denkend wirkt er mit am kommenden Weltbürgertum. Er sucht nach Bestätigung des Zuhauseseins im Menschsein als solchem. Aus dem Unheil der eigenen geschichtlichen Herkunft, aus dem, was Adel war in der Vergangenheit seines Vaterlandes, aus dem Anspruch der hohen Ahnen, findet er, immer getragen von diesem geschichtlichen Ursprung seiner Liebe, nun hindurch bis zum Ursprung der Menschheit, der konkreten geschichtlichen Menschheit, als Mensch allen Menschen verbunden wie einer großen Familie. Das aber ist nicht naturgegeben, sondern wird erst in der Wiedergeburt durch Vernunft.

Es sieht so aus, als vermöchte Vernunft im Ruin, solange das Dasein nicht vernichtet wird, das Selbstsein der Existenz zu einer Verwandlung in neue Möglichkeiten aufbauenden Menschseins zu bringen – wobei im Zuruf Selbstsein und Selbstsein Einzelner über die Welt hin sich begegnen.

Zum Schluß noch einmal, was Vernunft sein könne:

Wo Vernunft den Raum gibt, da verschwinden Illusionen, vergeht Rausch und Wildheit. Das Dasein wird Existenz, hingegeben an transzendent bezogenen Sinn.

Existenz der Vernunft macht das Dasein zum Wagnis, aber nicht zum Abenteuer, bringt es zur Verschwendung, aber nicht zur Vergeudung.

Existenz kann im Raum der Vernunft alles Zeitliche sich verzehren lassen zur erfüllten Geschichtlichkeit als je einziger Gestalt der Erscheinung des Ewigen.

Dann aber erleuchtet Vernunft den Bezug aus dem Geschichtlichen in das Übergeschichtliche, sucht den Grund dort, wohin niemand im Bewußtsein des endlichen Daseins in der Zeit wirklich gelangen kann.

Der Mensch, der Vernunft gekostet hat, kann sie nicht mehr preisgeben.

Vor Jahrzehnten habe ich von Existenzphilosophie gesprochen und damals hinzugefügt, es handle sich nicht um eine neue, nicht um eine besondere Philosophie, sondern um die eine, ewige Philosophie, der für einen Augenblick des Ver-

lorenseins an das bloß Objektive der Kierkegaardsche Grund-
gedanke als Akzent gegeben werden dürfe.

Heute möchte ich die Philosophie eher Philosophie der Vernunft nennen, weil es dringlich scheint, dies uralte Wesen der
Philosophie zu betonen. Geht Vernunft verloren, so geht die
Philosophie selber verloren. Ihre Aufgabe war von ihrem An-
fang her und bleibt, Vernunft zu gewinnen, als Vernunft sich
wiederherzustellen, und zwar als die eigentliche Vernunft, die
in der Beugung unter die Notwendigkeiten des zwingenden
Verstandes, ihn selbst sich ganz zu eigen machend, doch nicht
in die Verengungen des Verstandes gerät.

Vernunft scheint wie der Entwurf des erhofften Menschseins,
soweit es an uns selber liegt, es hervorzubringen. Es ist ein
Menschsein, das allen Menschen zugänglich ist, sie verbindet,
und zugleich ihre geschichtliche Erfüllung bis in die je einzige
unersetzliche Existenz jedes Einzelnen nicht nur zuläßt, sondern fordert. Die Vernunft würde als Grundverhaltungsweise
das Verbindende des sich Fremden, des geschichtlich Ursprungs-
verschiedenen. Sie würde zur Ermöglichung wachsender Kommunikation des sich entfaltenden Mannigfaltigen, das sich gebunden weiß im Einen, das niemand gehört und dem alle
gehören.

Aber, sagt vielleicht mancher von Ihnen:

von Vernunft zu sprechen, das ist, als ob man von einem
Traume spreche, –

alles, was ich heute vorgebracht hätte, das sei Reden von
Dingen, die es nicht gibt?

In der Tat: es gibt sie nicht als Gegenstand einer sie fest-
stellenden Erkenntnis, sondern nur als Gehalt des Entschlusses.

Durch ihn kann wirklich werden, was in seiner Entstehung
sich aller kausalen Erkenntnis entzieht. Kausal erkenne ich
nur das Vernunftlose, – nur mit Vernunft selber verstehe ich
das Vernünftige, das mir in allem Großen der Geschichte begegnet, in all dem, was nicht nur historisch ist, sondern geschichtlich als ewige Gegenwart.

Sage ich: das gibt es nicht, so bedeutet das: ich will es nicht.

Aber Vernunft ist nicht dadurch, daß ich sie weiß, sondern nur dadurch, daß ich sie vollziehe, in den Wissenschaften, in der Praxis und in geistigen Schöpfungen, die tiefer in die Wahrheit dringen als Wissenschaften es vermögen.

Vernunft wagt es, auf sich zu stehen in einer Welt der Unvernunft und angesichts ihrer ständigen Verkehrungen in Widervernunft.

Morgen möchte ich sprechen über die Vernunft im Kampf.

DIE VERNUNFT IM KAMPF

Vernunft scheint keinen Gegner zu haben, sofern sie alles, was ist, hell werden lassen, zu seiner Sprache bringen, einbeziehen möchte. Sie streckt gleichsam die Hand aus nach allen Seiten, ohne Einschränkung.

Aber sie stößt nicht nur auf Widerstand, sondern auf den Gegner, der sie vernichten will. Ihm gegenüber wird Philosophie zur Selbstbehauptung der Vernunft, gezwungen, nicht ihre Hingabe im Verstehen, wohl aber im Anerkennen zu suspendieren. Sie, die die Macht der Kommunikation im liebenden Kampf kritischen Vorangehens ist, wird polemisch, geistig polemisch durch Hineinfragen und Hineinreden, wenn sie dem einzigen Gegner gegenübersteht.

Dieser Gegner ist der Geist der Unphilosophie, der nichts von Wahrheit weiß und wissen will. Unter dem Namen der Wahrheit bringt er in der Welt alles Wahrheitswidrige, alles Wahrheitsfremde, alle Wahrheitsverkehrung zur Geltung.

Wo er herrscht, verwehrt seine Gewaltsamkeit die besonnene Prüfung. Er erlaubt die Willkür und vernichtet die Selbstkontrolle. Seine Beliebigkeit läßt den Ernst erlöschen zugunsten jeweiliger Leidenschaftlichkeit. Er zwingt das Dasein aus Glaubenslosigkeit in fanatischen Scheinglauben und wieder zurück ins Nichts.

Dieser Geist verwandelt sich in seiner Erscheinung wie Proteus, der sich nicht fassen läßt. Und nach Widerlegung scheint er nur lebendiger zu werden wie die lernäische Schlange, der für jeden abgeschlagenen Kopf zwei neue wachsen.

Dieser Gegner begegnet uns in der Welt, aber, gefährlicher, er steckt in jedem von uns. Wir sind ihm schon verfallen, wenn wir meinen, ihn überwunden zu haben.

Woher gewinnt dieser Gegner seine Macht?

Es ist etwas in uns, das begehrt:

nicht Vernunft, sondern Geheimnis, –

nicht eindringendes, klares Denken, sondern Raunen –

nicht die Besonnenheit alloffenen Sehens und Hörens, sondern die launenhafte Hingabe an dunkle Mannigfaltigkeit –

nicht menschliche sich bescheidende Einsicht, sondern gnostisches Allwissen in Absurdität –

nicht Wissenschaft, sondern in wissenschaftlichen Masken den Zauber –

nicht rationell begründete Wirksamkeit, sondern Magie –

nicht verläßliche Treue, sondern Abenteuer, –

nicht Freiheit, die eins ist mit Vernunft und Gesetz und mit der Wahl der eigenen Geschichtlichkeit, sondern blinde Ungebundenheit und zugleich blinden Gehorsam unter einen keine Frage duldenden Zwang.

Warum solches Begehren nach Geheimnis, Raunen, Absurdität, Zauber, Magie, Abenteuer, und schließlich nach blinder Ungebundenheit und blindem Gehorsam zugleich?

Immer dann, wenn Vernunft nicht mehr getragen und erfüllt ist vom Selbstsein eines Menschen, abgleitet zu bloßem Verstande, erwächst aus der Welt dieses Verstandes die unerträgliche Unbefriedigung. Die nicht mehr verstandene Vernunft erscheint jetzt leer, wie nichts, als eine Welt von Abstraktionen, blassen, endlos zu häufenden, gleichgültigen Formen.

Der Grund unseres Wesens begehrt Erfüllung, Gegenwärtigkeit und Leibhaftigkeit. Aber der Eintritt in sie ist zweideutig. Entweder werden sie wahr als echte Fülle unter Führung der Vernunft und als Aufbau in geschichtlicher Kontinuität durch Vernunft. Oder sie werden zur Täuschung in der Zerstreuung und Führungslosigkeit der Vielfachheit und des beliebigen Anderswerdens ohne Vernunft und gegen Vernunft.

Hier ist der Scheideweg zwischen Vernunft und Unvernunft. An ihm beginnt der Gang ins Unheil mit dem Verrat des einfach Wahren, das für die Anständigkeit des redlichen

Menschen im Alltag und seinen Situationen zumeist offenbar ist.

Nach dem Verrat ist Hilfe nur in radikaler, sich selbst durchschauender, die Schuld übernehmender Umkehr. Wieder und wieder stehen wir innerlich vor dem Scheideweg: der Möglichkeit selbst zu werden durch Vernunft.

Das ist die immer wiederholte Entscheidung: eigentlich selbst sein zu können, d. h. frei sein zu können, was zusammenfällt mit dem Weg zur Wahrheit, mit dieser einfachen Aufrichtigkeit bis in die letzten Gebärden dessen, der er selbst ist und als solcher spricht. Hier wurzelt die denkende Arbeit zugleich an der Sache und an sich selbst, beginnt der Aufbau geschichtlichen Lebensgehalts im Raume der Vernunft, in dem nichts vergessen wird.

Ist aber am Scheideweg der mögliche Wille des vernünftigen Selbstseins preisgegeben, so ist er gleichwohl verwandelt wieder da, aber verkehrt. Dann geht der Drang unseres sich nicht genügenden Wesens dahin, noch in der Verleugnung der Wahrheit die Richtung auf vermeintliche Wahrheit mit Leidenschaft zu gewinnen. Diese Leidenschaft will in ihrer Verlorenheit sich täuschen über den eigenen Verrat durch ein überwältigend Bedeutendes, ein Unbegriffenes, das doch in der Welt objektiv da ist, und an das man die Möglichkeit des Selbstseins preisgeben kann, um sich als anerkannten Eigenwillen des Daseins zurückzuerhalten.

Dieser Drang, als Flucht vor sich selbst bis zur Selbstvergessenheit, geht in die Vernebelungen, die als eigentliche Wahrheit sich anbieten, geht zum Unvernünftigen, zum Absurden als solchem als einer Tiefe, zum ästhetisch unverbindlichen Gedichteten, geht zum raffiniert Überkonstruierten, in dem eigentlich nichts mehr gesagt ist, geht zur Dialektik, mit der man sich jeder Entscheidung entziehen, alles rechtfertigen und alles widerlegen kann, dieses Ausdrucks der fließenden Verwandlung der Willkür, – kurz zu dem Hexensabbath des Redens in Bildern, Dogmen, Absolutheiten, – des endlosen Umkehrens, Umdeutens des interpretierenden Lebens, dem

Interpretation am Ende nicht mehr Weg zum Ursprung, sondern bodenloser Selbstzweck ist: das Auslegen und Auslegen
des Auslegens.

Die Gestalten der Widervernunft, entsprungen dem Verrat an Wahrheit und Selbstsein zugleich, sind die der Verkehrung einer ursprünglichen Wahrheit –, die Widervernunft be-
dient sich der Sprache der Vernunft, alle Unphilosophie der
der Philosophie.

So ist der Mythus die unumgängliche Sprache transzenden-
ter Wahrheit. Die Schöpfung des echten Mythus ist wahre Erhellung. Dieser Mythus birgt in sich Vernunft und steht unter
Kontrolle der Vernunft. Durch den Mythus, durch Bild und
Symbol, gewinnen wir unsere tiefste Einsicht an der Grenze.

In der Verkehrung aber ist es ganz anders. Der Hang zum
Mythus ohne Kontrolle ergeht sich in Bildern als solchen. Der
Sinn ist nicht mehr die vernünftige Durchdrungenheit des
Wesens, das in Bildern gegenwärtig wird, die eine Seite der
Wirklichkeit in der Praxis des menschlichen Alltags bedeuten.
Vielmehr geht der Drang auf die Loslösung von der eigenen,
zu verantwortenden Wirklichkeit, zum Abschieben auf ein
Anderes, Geheimnisvolles, eigentlich Seiendes, folgend dem
Reiz des Grauens der Vernunftlosigkeit. Es bleibt nur eine
unverbindliche Phantasie als vermeintliche Wahrheit des
Wesens, in folgelosen Gefühlen von Ergriffenheit. Solches ab-
geglittenes mythisches Denken ist mangels der Bewegung der
existentiellen Selbstkritik ein Nichtdenken.

Gegenüber der Philosophie der Vernunft steht die Unphilosophie, aber nicht als ohnmächtige Nichtigkeit, sondern als
machtvolle Zauberei, – seit Beginn des Philosophierens.

Zauberei steckt oft in geistig Großem. Sich auf Zauberei
verstehen, ist zuweilen eine gewaltige Begabung. Große Erscheinungen des deutschen Idealismus gehören dahin: die Kon-
struktion Fichtes z. B. von der Wende seines Zeitalters und der

Fichte'schen Philosophie als der Tat dieser Wende, – diese selbe Denkfigur kehrt noch wieder bei Nietzsche. Nietzsches eigene prophetische Vision hat das fatale Schwanken tiefer Einsicht und schwindelhafter Irreführung. Marxens Eschatologie zeigt dasselbe. Schon in diesen Großen ist die Besessenheit, diese sachliche Unsachlichkeit, die dann in kleineren nur noch widrig ist: diese Tendenz, das eigene Denken zum absoluten, einzig wahren zu machen, sich selbst als egozentrische Interessiertheit mit der Sache zu identifizieren, abzustoßen, was nicht das eigene fördert. Sie suchen Bewunderer und Gehorsame, nicht Freunde. Jeder andere wird von ihnen wie selbstverständlich darauf angesehen, was er im Zusammenhang der eigenen Inszenierung bedeuten könne.

Ein einzelner Mensch aber ist nie nur Zauberer, und keiner von uns ist frei von allen Verführungen zur Zauberei. Wenn wir die Bilder des philosophierenden Menschen und des Zauberers kontrastieren, darf niemand unter das eine oder andere subsumiert werden:

Der Philosophierende weiß, was er tut, wenn er denkt und handelt, der Zauberer weiß nicht, was er tut und wie. Beide treffen und verfehlen die Wahrheit, aber der Philosophierende korrigiert unablässig den Wahrheitsgehalt und wird Herr seiner Gedanken, der Zauberer untersucht weniger die Wahrheit als seine Gebärden, Ausdrucksweisen, die Effekte. Der Philosophierende prüft die Wahrheit durch Aufsuchen der Gegeninstanzen und der Gegner. Der Zauberer will sich in seiner Wahrheit nicht prüfen, es ist, als ob er blind sei für den Unterschied von wahr und unwahr, von Wirklichkeit und Schein. Er kann nicht wirklich mit dem anderen reden, nicht aufrichtig diskutieren. Er ist befangen in Gedanken, die sich ihm bilden oder überkommen sind. Er geht durch das Leben als Wille zur Macht, die eigenen Motive nicht durchschauend.

Aber der Gegner steckt in uns allen. Wir haben mit uns selbst zu tun, wenn wir ihn bekämpfen. Keine Philosophie wird wahr ohne bewußte Abkehr von der Zauberei, von jeder noch so sublimen, wissenschaftlich verkapselten, dichterisch verführenden Form der Zauberei. Kant hat solche Selbstreinigung in der Schrift über die Geisterseher vollzogen.

Nun aber beruht die Wirkungsmöglichkeit der philosophischen Zauberei auf dem Entgegenkommen der Bezauberten. Die Zauberer lassen sich verführen. Sie werden provoziert von den nach Verehrung Begehrenden. Sie werden bestätigt und gesteigert durch die Schar derer, die diesen einen zur Weltwende ernennen, sich ihm zur Verfügung stellen, ihm dienen und von ihm verachtet werden.

Immer wieder sind bisher Massen der Zauberei gefolgt. Immer haben Zauberer die Täuschung bewirkt durch Versprechen absoluter Erkenntnis, durch den Anspruch der übersinnlichen Bedeutung des eigenen für die anderen stattfindenden Denkens und Tuns. Immer wieder ist die Selbstinszenierung gelungen mit einem Totalaspekt der Dinge, in deren Geschehen der Zauberer zur Mitte und Wende wird. Es gelang die Erzeugung einer Aura von magischer Wirkung. Mannigfaltig ist dies Reich der Sophisten, Ästheten, Wunderdoktoren, der spätantiken Gauner, die Lukian verspottet, und der wissenschaftlichen Magier von heute. Sokrates und Plato haben zuerst, grundsätzlich, in heller Einsicht den Kampf aufgenommen.

Es kann wohl so aussehen, als ob die Zauberer, untereinander Konkurrenten, doch ihre Verwandtschaft spüren und sich mit Sympathie begegnen. Denn gemeinsam haben sie alle nur den einen Todfeind, die Vernunft, gegen die sie sogleich miteinander im instinktiven, unverabredeten Bunde sind.

Gefördert wird der Vorgang der sich zwischen Zauberern und Bezauberten steigernden Widervernunft durch die Halben, Unentschiedenen, die in der Form wissenschaftlicher Objektivität sie zulassen und ihre Absurditäten ernst nehmen. Mancher versucht es, mit dem geheimen Vorbehalt, die Sache, je nach dem Gang, wegwerfen zu können wie einen versagenden Fetisch (so einst Hitler gegenüber), aber das geht weder psychologisch noch in der realen Welt. Wer sich darauf einläßt, statt bei Auftauchen in sich selbst sogleich das Licht der Vernunft in dieses Dunkel zu werfen, ist schon fast verloren.

Die Vernunftlosigkeit folgt in ihrer Leerheit ohne Würde des eigenen Menschseins einem Rattenfänger von Hameln, der mit halbem Bewußtsein den Betrug inszeniert. Seine Unphilosophie scheint zunächst harmlos, wenn sie in einer freien Welt einen wunderlichen Lärm macht. Aber sie hat politische Bedeutung.

Mit der Preisgabe der Freiheit der Vernunft bereitet die Unphilosophie den Menschen vor zur politischen Unfreiheit. Im mythischen Hange läßt sie das Wissen um Freiheit versinken. Sie lehrt sich zu entziehen in den Bereich der Undiskutierbarkeit vernunftlosen Glaubens. Dann, wenn man nicht mehr aus Freiheit lebt, weiß man bald nicht mehr, was sie ist. Weil man sich leer fühlt, sich selbst und die Wahrheit verloren hat, will man in Furcht niedergeworfen werden. Ohne es zu merken, hat man, indem man auf Vernunft verzichtete, auf Freiheit verzichtet. Man ist bereit zu jedem Totalitarismus und folgt gemeinsam mit der Herde dem Leithammel in Unheil, Verbrechen und schandvollen Tod.

Seit Jahrzehnten hört man angesichts von Nationalsozialismus und Kommunismus: gegen den Glauben müsse man einen Glauben zu setzen haben; die freie Welt sei schwach, da kein Glaube sie trage.

Auch in der Philosophie scheint das Denken der Vernunft oft entmutigt. Man kann folgende Erwägungen anstellen:

1. Heute sieht es so aus, als sei Vernunft, diese umgreifende Macht aller Kommunikation, die noch das Sichverstehen des sich Fremden bringt, – paradoxerweise in kommunikationslose Isolierung gedrängt. Es ist, als ob alle Mächte des Geistes sich ungeplant wie von selbst verbündeten, weil sie nur das eine Gemeinsame haben, den Drang, Vernunft verschwinden zu lassen, irgendein großartig Absurdes an ihre Stelle zu setzen. Wer die Möglichkeit echter Kommunikation überhaupt leugnet, findet Gründe aus der Erfahrung und findet Beifall in seiner heroisch billigen Bejahung der unumgänglichen Einsamkeit aller.

2. Das Dasein der Vernunft wirkt wie Luft, als ob sie gar nicht da wäre. Wie soll sie wirken! Aber sie ist in der Tat die reine Luft, die man brauchte als das Lebensnotwendigste, doch nicht begehrt, weil man betäubende und berauschende Atmosphäre will. Die Philosophie, die nur die Luft schafft, in der zu wachsen, zu sich selbst zu kommen, sich zu prüfen möglich ist, ist auch unfaßlich wie die Luft. Von ihr wird nichts gegeben, kein Befehl kommt von ihr, kein Gehorsam wird gefordert, nichts wird hingestellt, das man nun nehmen kann. Sie verlangt Selbstdenken und Selbstwerden, hilft dazu, aber schenkt es nicht. Sie ist die Erbarmungslosigkeit, Freiheit als Möglichkeit vorauszusetzen, wo der Mensch verborgen begehrt, an der Hand genommen zu werden, – er möchte unter dem Namen der Freiheit in der Täuschung einer Freiheit des Gehorsams leben. Philosophie fordert, frei zu atmen, aber setzt voraus, daß da sind, die atmen können. Ist es ein falscher Anspruch, daß Menschen sie selbst und frei sein sollten, – ist das nicht die Illusion eines abgelaufenen Zeitalters, – schreiten wir nicht in ein anderes neues besseres Menschsein, in dem die Wahrheit ist, daß niemand mehr er selber, sondern jeder alle und alle jeder ist, Individualität und Persönlichkeit aber zum Gerümpel der Vergangenheit und ihrer Selbsttäuschungen gehört?

Aus solchem Aspekt wird das Philosophieren der Vernunft heute als altmodisch, als Aufklärertum, als 18. Jahrhundert, als traditionell, als unzeitgemäß gescholten oder freundlich abgetan.

3. Eine historische Betrachtung scheint zu zeigen, daß alle großen Glaubensbewegungen in der Wurzel etwas Absurdes hatten und grade durch dieses Absurde ihre große Wirkung erzielten. Vernunft steht immer wieder vor dem Faktum der Glaubenden, die nicht mehr zuhören können, kein Argument aufnehmen, unerschütterlich das Absurde als unantastbare Voraussetzung festhalten, – und wirklich zu glauben scheinen.

Mit solchen und anderen Überlegungen scheint Vernunft statt nur illusionslos, kleinmütig zu werden.

Dieser Kleinmut ist entweder selber schon Ausdruck des im bloßen Verstandesdenken erlöschenden Glaubens der Freiheit, dieses undogmatischen Glaubens der Vernunft. Das Bewußtsein der eigenen Leerheit möchte dann politisch einen Glauben machen. Vergeblich.

Oder der Kleinmut ist kein eigentlicher Kleinmut: wenn der Glaube der Freiheit aus Mangel an Luft – bei Ausbleiben des Widerhalls – zu wenig atmet, dann traut er, trotz Vertrauens zu sich im Grunde der Dinge, in dieser gegenwärtigen Welt seiner Verwirklichung für heute nicht mehr.

Gegen den Kleinmut steht nur eines: Wer im Ernst aus der Welt der Vernebelungen heraus will, kennt aus eigener Freiheit die Grunderfahrung, die nie naturgegeben ist; – er hat eine Gewißheit, die keine objektive Garantie zu ihrer Stütze hat; – er geht seinen Weg im Bewußtsein, der Wahrheit zu dienen, ohne sie zu haben.

Er will im Raume der Irrlichter Vernunft retten, sie sprechen lassen in unbeirrbarer Geduld, in der Ohnmacht scheinbar verschwindenden Widerhalls, trotzdem.

Der Glaube der Vernunft ist von anderem Charakter als aller Glaube, der durch Bekenntnisinhalte, durch Objektivitäten, durch Garantien bestimmt ist.

Er kann nicht Propaganda machen, nicht suggerieren, nicht das Greifbare in die Hand geben –

aber wo er ist, ist er unbeugsam im tiefsten Grunde und biegsam in allen Vordergründen.

Zur Befestigung seines Denkens in der Selbstbehauptung kann mancherlei Gedankenbewegung versucht werden, Gedanken zugunsten der Vernunft, die ermutigen können, wie jene anderen zu entmutigen schienen.

Wer einmal Vernunft gekostet hat, stellt die Frage: was kann ich noch wollen, wenn ich mich der Vernunft versage?

Dann kann ich nicht Einheit wollen, nicht das Eine, nicht den geschichtlichen Aufbau, geführt vom Ursprung und Ziel. Ich lasse mich im ganzen treiben, will besinnungslos ein Endliches, heute dieses, morgen jenes, bin in gewaltsamer Endlich-

keit vielleicht mit dem Verstande konsequent, der gleichsam
eine verkehrte Vernunft geworden ist.

Wir sehen heute, wie in jeder geschichtlichen Zeit, Menschen
aufrecht, die hell denken. Mancher geht von jung auf ursprünglich den Weg der Vernunft, wenn auch verborgen. Denn
Vernunft macht keinen Lärm.

Hört sie jene Vorwürfe – Aufklärung, altmodisch, traditionell – Vorwürfe, die ihr im Grunde ebenso viele Lobsprüche
sind –, so ist sie sich bewußt, zwar wohl in ihren Ausdrucksweisen, aber nicht in ihrem Wesen ein geschichtliches Phäno-
men zu sein. Als Vernunft ist sie jederzeit an der Zeit, weil
nur im Medium der Vernunft zur Erscheinung drängt, was
ewig wahr ist, und Menschen heute wie immer horchen, ob
Vernunft ihnen Sprache gibt für das, was sie erfahren.

Wird die schlimmste Prognose des Untergangs gestellt, und
rechnet man ihr alle Wahrscheinlichkeiten der historischen Lage,
der Durchschnittseigenschaften der Menschenmilliarden, des
bisher faktischen Gangs der Menschheit in Knechtschaft, Selbst-
und Seinsvergessenheit vor, so ist zunächst für die Vernunft
jede Prognose ungewiß, auch im äußersten Falle. Reale Er-
fahrungen unerwarteter günstiger Ausgänge in aussichtslos
scheinender Lage prägen sich tief ein. Aber sie sind kein Beweis für ein Andermal, doch sind sie gleichsam Leitfäden für
die Grundhaltung der Vernunft:

die Spannung auszuhalten, – nicht mit einer sicheren Zukunft zu rechnen, – im glücklichsten Fall um das stets drohende
Unheil zu wissen, im scheinbar aussichtslosesten Fall den Spiel-
raum des Möglichen nicht zu vergessen und Hoffnung zu bewahren, – in jedem Falle zu leben – bei aller verstandesmäßi-
gen Vorsorge, die möglich ist, und aller Gewissenhaftigkeit in
der Wahl des Lebensweges im Raum des Möglichen – mit der
Aktivität des Hervorbringens – wie die Bauern am Vesuv, die
unter der ständigen Drohung der Lava ihre herrlichen Früchte
zur Reife bringen.

Das scheint mir nun auch für den Gang der Weltgeschichte
gültig zu sein. Kein Wissen kann angesichts der niederschla-

genden Wahrscheinlichkeiten das Gegenteil als wahrscheinlich beweisen. Aber die Möglichkeit ist offen für die Vernunft, und für sie bereit zu werden und sie als Einzelner zu seinem geringen Teil mit vorzubereiten, das ist der Kampf der Vernunft: Jeden Augenblick kann auch in der großen Öffentlichkeit der Umschlag erfolgen, der zunächst immer dem je Einzelnen widerfährt. Dann können Nebelschwaden fortgeblasen werden, die fast alles zu ersticken schienen, das erwachende Selbstsein des Menschen wird sich gegenseitig erkennen, hören und verbinden.

Aber alle Gründe und Gedankenmöglichkeiten sind für die Vernunft nicht entscheidend. Vernunft lebt aus ihrem Ursprung, weder durch Gründe noch in Verwerfung von Gegengründen, in jeder Gegenwärtigkeit mit dem Bewußtsein, zwar nie im Besitz der Wahrheit aber auf dem Wege zu ihr zu sein.

Vernunft lebt daher im Bewußtsein, vor den Toren zu stehen. Es wächst die Kraft, die vielleicht hindurchzuschreiten erlaubt denen, die standhalten, – das scheint möglich allein im hellen Reich der Freiheit. Oder es geht vielleicht der Weg in das Dunkel symbolgebundener, menschenvergötternder, gedankenloser Unfreiheit, – zunächst. Vor diesem Äußersten kann der Entschluß des Einzelnen fester und bewußter werden: daß er er selbst werde und dadurch verläßlich zum Bunde mit dem Freunde, daß er in jedem Falle innerlich standhalte, – nicht aber, daß er mitwirke (in welcher bewußtlosen Form auch immer) an der Vorbereitung der völligen Preisgabe an ein Menschsein ohne Selbstsein, das lebt aus einem Anderen, der leer gewordenen Maschinerie der Macht, der Bewegung, des Volkes, an der er teilnimmt ohne Wahrheit und ohne Wahrhaftigkeit.

Auch dann kann Vernunft zwar nicht wissen aber auch nicht für unmöglich halten, daß das Schrecklichste nur zur Erfahrung wird, um eine Umkehr im Menschen zu ermöglichen. Der Mensch würde dem Äußersten in einer Unwissenheit ausgesetzt bis an die Grenze des Sichverlierens, damit eines Tages mit hinreißender Kraft Vernunft wieder in die Wirklichkeit des Menschen treten wird.

Entscheidend aber ist, daß nichts von dem, was Vernunft ist, von selber kommt, sondern nur durch Vernunft, die aktiv sich verwirklicht. Alle Vernunft läßt im Maße ihrer Aktivität die Hoffnung wachsen, daß ihre Selbstbehauptung gegen die Mächte der Widervernunft und Unvernunft gelingen werde.

Wir wissen, daß wir alle preisgegeben sind den Ereignissen, die nicht in unserer Hand sind. Aber in diesem uns aufgegebenen Verhängnis will der Mensch aus seinem Entschluß zu seinem Teil versuchen, vernünftig zu leben, will durch Vernunft Selbstsein und Sinn erfahren.

Das Standhalten der Vernunft ist also nur möglich durch die Vernunft selbst. Versteht sie sich in ihrem Sinn, dann ist sie eins mit einem Grundvertrauen in den Ursprung der Dinge, zum anderen Menschen und zu sich selbst.

Ich sprach von der Vernunft im Kampf, von ihrer Selbstbehauptung im Bewußtsein ihrer Ohnmacht, und von ihrer beflügelnden Hoffnung, wenn sie tätig wird. Dies alles geschieht im einzelnen Menschen.

Der Kampf der Vernunft um ihre Verwirklichung, soweit sie durch Erkennen vorzubereiten ist, hat seinen Ort an den Universitäten. Hier wird alles, was wissenschaftlicher Forschung zugänglich ist, zum Gegenstand. Hier wird das wissenschaftliche Leben ein Ganzes durch wechselseitigen Austausch und durch Diskussion der Forscher. Hier haben Philosophie und Theologie ihren Platz, um in fruchtbarer Spannung das Maximum vernünftigen Selbstbewußtseins im ganzen der Wissenschaften zu gewinnen.

So ist die abendländische Idee. Daß die Realität immer nur teilweise genügt und nur in Schritten der Idee sich nähert oder von ihr abfällt, ist kein Einwand gegen ihre Wahrheit. Und die Idee ist bisher jederzeit verborgen wirksam oder möglich. Die Universitäten im ganzen anzuklagen, sie für hoffnungslos verwahrlost und verloren zu erklären, scheint mir verächtlich. Es liegt auf dem Wege ruinierenden Denkens.

Aber zur Idee der Universität gehört ihre Selbstkritik. Jederzeit soll der in ihr als Student oder Dozent Wirkende wissen, wie es um sie steht, und wissen, was sie war und was sie sein könnte.

Der Kampf um die Vernunft findet in jeder Wissenschaft statt, mit hellstem Bewußtsein in der Philosophie. Wir wissen, daß heute die Philosophie an der Universität eine geringe Rolle spielt. Zeichen dessen ist eine Kleinigkeit: sogar die Fakultät, die nach ihr die philosophische heißt, von der im positivistischen Zeitalter die zugehörende mathematisch naturwissenschaftliche Fakultät widersinnig getrennt wurde in Vergessenheit der Philosophie, – auch diese Restfakultät, die noch die philosophische heißt, wählt gewohnheitsmäßig in Berufungskommissionen die Vertreter der dem zu besetzenden Lehrstuhl verwandten Fächer, – aber keiner dieser Wissenschaften gilt die Philosophie als verwandt. Daß noch Philosophie gelehrt wird, verdanken wir der Überlieferung vom Mittelalter her, es wird beibehalten und geduldet. Man gibt ihr kein Gewicht. Sie ist Sache der Liebhaberei Einzelner. Man spricht seit Marx vom Ende der Philosophie. Bei der aus dem Bedürfnis und der Situation der Zeit aufgebauten modernen Universität Jerusalem ist auch der Name einer philosophischen Fakultät gefallen. Nur in der Faculty of Humanities hat in der nach anderen Gruppen folgenden besonderen Gruppe der General Humanities die Philosophie ihren bescheidenen Platz.

Woher kommt das? Die Ursache scheint mir zunächst die Zerstreutheit gegenwärtigen Denkens in die Masse der Fachwissenschaften, der Kollaps aus der Weite der Vernunft in bloße Verstandesarbeit; dann aber auch und entscheidend der Mangel einer gegenwärtigen, der Weite der schon faktischen modernen Vernunft genügenden Philosophie; das Fehlen der der Aufgabe gewachsenen Philosophen.

Leicht ist die Kritik der Universitätsphilosophie. Wir sind schon als Studenten in dieser Kritik aufgewachsen und sind inzwischen selbst Gegenstand dieser Kritik geworden. Man klagte an: das Akademische, Weltfremde, das nur Szientifische, die Beschäftigung mit Gleichgültigkeiten, die behagliche Unbetroffenheit. In sie brach Nietzsche ein, der damals die nach eigentlicher Philosophie verlangenden Jünglinge hinriß. Man verlachte die Züge von Erbaulichkeit und situationsgebundener Pathetik. Man hörte Erlebnis und Leben betonen; aber wenn dies ansprach, so war es doch schnell als ein Halbes erkannt, als die Linie von Dilthey her, bei dem der Ernst der Philosophie, scheinbar gespürt, doch durchaus aufhörte zugunsten eines verstehenden Wissens von vergangenen Philosophien aller Art. Man sah die künstlich wirkende Sachlichkeit, in Nachahmung der Mathematiker, die gewollte Schlichtheit, die Echtheit betonen sollte und darum wiederum unecht und befangen wirkte.

Dieser Verwahrlosung eigentlicher Philosophie, bei der doch viel nützliche Forschung stattfand, entsprach eine unwillige Hörerschaft, die ihrerseits keinen rechten Weg fand. Man begehrte fast immer zu schnell unter dem Namen der Philosophie etwas anderes als Philosophie. Persönliche Bekümmerung, die nicht in den reinen Raum der Vernunft gelangte, fand Befriedigung in der Psychoanalyse. Empörung am Bestehenden, Drang zu großen Ereignissen und zur Teilnahme an der Weltgeschichte fand die große Täuschung im Marxismus. Das Bewußtsein der Verlassenheit im reinen Raume der Vernunft wollte heimlich Religionsersatz und fand ihn in sektenartigen Schulen mit Hingabe an kreierte Größen, die auf mannigfachen Niveaus sich hergaben, Gegenstand einer Art Menschenvergötterung zu werden. Und alle diese wollten, statt vernünftig zu philosophieren, das totale Bescheidwissen im Grunde, dessen Wahrheit ihnen durch die Autorität ihrer Zauberer garantiert schien.

Sieht man solche Bilder, so scheint sich in der Tat zu ergeben, daß es gehörig sei, die Philosophie von der Liste der ernst zu nehmenden Denkarbeit zu streichen und allenfalls in einem Nebenraum noch eine Weile ihr eigentlich überflüssiges Spiel treiben zu lassen. Die Fragen: wer philosophiert? an wen wendet er sich? finden keine klare Antwort, es sei denn, man sage, es sei der Mensch selbst, das denkende Vernunftwesen, der sich an andere denkende Menschen wende, Antwort und Frage erwarte, um gemeinsam zum Wahren voranzukommen. Das aber ist so allgemein gesagt, daß es ebenso lauten könnte: Philosophie spreche aus dem leeren Raum in den leeren Raum.

Es ist das großartig Unbestimmte, von dem ein Maßstab kommt für unser konkretes Philosophieren. Im Blick auf die hohe Idee versuchen wir jederzeit die Konkretisierung. Und daß überhaupt etwas merkbar bleibe von der Möglichkeit des Philosophierens, dafür ist die Institution unumgänglich. Für das Abendland ist es die Universität, die die Möglichkeit des Wiederkommens und der Wirkung der Vernunft aufrecht erhält. Sie bleibt fragwürdig, aber sie ist die reale Chance. Der geistige Kampf um Vernunft wird die Universität aufsuchen. Sie ist die legitime Stätte der reinen Vernunft.

Die Lehre der Philosophie findet statt auf der Grundlage und unter der Voraussetzung fachwissenschaftlichen Studiums, – sie bewahrt die philosophische Überlieferung, – sie hat zur Aufgabe das Wissen um Kategorien und Methoden des Denkens, das noch nicht selber Philosophie ist, aber das Handwerk, ohne das sie nicht klar wird, – und dann die Aufgabe, in der unübersehbaren Masse des Gedachten das Einfache, das Wesentliche zu finden.

Eine sich isolierende Philosophie wäre ohne Vernunft. Philosophie als Fach bleibt eine fragwürdige Sache. Als Lehre macht sie nur aufmerksam.

Das Studium der Philosophie geschieht also durch das Studium der Wissenschaften und durch die Praxis des eigenen Lebens, erweckt durch die große Philosophie der Überlieferung.

Der Lehrer der Philosophie hat seinen Sinn im Kampf für die Vernunft durch Vernunft. Für diesen Kampf, der nur geistige Waffen hat und der stets seinem Gegner alle Waffen ausliefert, gilt vielleicht folgendes:

Damit in der Welt des Denkens die völlige Unbefangen-
heit entstehe, müssen die Denkenden innerlich unabhängig
sein. Das wird der Mensch nur dann, wenn sein Machtwille
erloschen ist, und vielleicht auch nur dann, wenn er sich faktisch in Ohnmacht befindet. Ohnmacht scheint die Bedingung,
um wirklich frei zu wirken und Freiheit zu erwecken. In der
Selbstbescheidung, ohne Eigenwillen, hat der einzelne Mensch
eine Chance, mitzuwirken zu seinem verschwindend geringen
Teil, daß ein Raum entstehe, in dem Wahrheit gedeiht.

Die Lehre der Universitäten, unsere Arbeit, steht mit der
gesamten überlieferten Welt im Schatten der großen Bedrohung. Seit 1914 ist sie immer nur gewachsen.

Die Frage ist seitdem, in einigen ruhigen Jahren schnell vergessen: was ist bei solcher Bedrohung, bei dem möglichen
schnellen Ende von allem, was uns in der Welt lieb ist, noch
wesentlich? Welches sind die Maßstäbe, die vor dem Ende von
allem sich aufrichten und gelten?

Wohl scheint es uns würdelos, hin und her zu schwanken
zwischen vernichtender Angst – die alle Tätigkeit sinnlos werden läßt – und selbstvergessener Ruhe, in der, bei Ablenkung
des Blicks, alte Denkgewohnheiten fortbestehen, in der das
geistige Leben nicht mehr Eros ist, vielmehr der ziellose Fleiß
gedankenlos zum Sinn selber wird; dann wird Arbeit als
Arbeit getan, ohne Bewußtsein, in wessen Dienst sie am Ende
stattfinde.

Aufgabe der Vernunft in dieser Bedrohung ist, die Anspannung auszuhalten, – das Wesentliche zu tun, – seinen Alltag
unter die hell gewordenen Maßstäbe zu stellen, – unverdros-
sen fortzusetzen, was der Natur der Sache nach nur auf lange
Sicht möglich ist. Niemand weiß, ob Erfolg dabei ist oder ob
Scheitern den Sinn erfüllt. In der scheinbaren Ausweglosigkeit
wird Vernunft nie alle Hoffnung verlieren. Wer geistig wirkt,
muß sich sagen: Solange ich im Gang der schrecklichen Ereignisse am Leben bleibe, will ich nach Kräften vorbereitet sein.
Ich versuche ein Leben aufzubauen im inneren Handeln unter

dem Ziel, das unklar im ganzen, aber klar in dem Schritt, der heute zu tun ist, unter den realen Bedingungen meines Daseins von meinem guten Genius mir gesetzt wurde.

Wir sollen jede Gegenwärtigkeit erfüllen. Sie ist uns geschenkt, nicht um sie zu versäumen. Nur in der wahren Gegenwärtigkeit und in jeder wahren liegt ein Sinn der Zukunft. Daß wir tun, was wir können, macht, ohne unseren Plan, die Zukunft möglich.

Wenn aber die erkennbaren Realitäten des Menschendaseins uns verführen, an der Vernunft zu zweifeln, so dürfen wir am Maßstab dieser Realitäten vielmehr sagen: es ist wie ein Wunder, daß Philosophie durch die Geschichte geht, und, seitdem sie aufgetreten, nie völlig verschwunden ist, daß in der Vernunft eine Kraft der Selbsterhaltung liegt, die als Freiheit immer wieder wirklich wird. Vernunft ist wie ein offenbares Geheimnis, das jederzeit jedem kund werden kann, der stille Raum, in den jeder einzutreten vermag durch eigenes Denken.

Karl Jaspers

Der Arzt im technischen Zeitalter
Technik und Medizin, Arzt und Patient, Kritik der Psychotherapie.
122 Seiten. Serie Piper 441

Die Atombombe und die Zukunft des Menschen
Politisches Bewußtsein in unserer Zeit.
505 Seiten. Serie Piper 237

Augustin
86 Seiten. Serie Piper 143

Chiffren der Transzendenz
Hrsg. von Hans Saner. 111 Seiten. Serie Piper 7

Denkwege
Ein Lesebuch.
Auswahl und Zusammenstellung der Texte von Hans Saner.
157 Seiten. Serie Piper 385

Einführung in die Philosophie
Zwölf Radiovorträge. 128 Seiten. Serie Piper 13

Die großen Philosophen
968 Seiten. Serie Piper 1002

Die großen Philosophen
2 Bde. Hrsg. von Hans Saner unter Mitarbeit von Raphael Bielander.
Zus. 1246 Seiten. Leinen

Kant
Leben, Werk, Wirkung.
230 Seiten. Serie Piper 124

Kleine Schule des philosophischen Denkens
183 Seiten. Serie Piper 54

PIPER

Karl Jaspers

Die maßgebenden Menschen
Sokrates, Buddha, Konfuzius, Jesus. 210 Seiten. Serie Piper 126

Notizen zu Martin Heidegger
Hrsg. von Hans Saner. 351 Seiten. Serie Piper 1048

Nicolaus Cusanus
271 Seiten. Serie Piper 660

Philosoph, Arzt, politischer Denker
Symposium zum 100. Geburtstag in Basel und Heidelberg.
Hrsg. von Jeanne Hersch, Jan Milič Lochmann und Reiner Wiehl.
308 Seiten. Serie Piper 679

Philosophische Autobiographie
136 Seiten. Serie Piper 150

Der philosophische Glaube
136 Seiten. Serie Piper 69

Der philosophische Glaube angesichts der Offenbarung
576 Seiten. Leinen

Plato
96 Seiten. Serie Piper 47

Psychologie der Weltanschauungen
515 Seiten. Serie Piper 393

Die Schuldfrage
Zur politischen Haftung Deutschlands. 89 Seiten. Serie Piper 698

Spinoza
154 Seiten. Serie Piper 172

Piper 18/5 b

PIPER

Karl Jaspers

Die Sprache · Über das Tragische
143 Seiten. Serie Piper 1129

Vernunft und Existenz
Fünf Vorlesungen.
127 Seiten. Serie Piper 57

Vom Ursprung und Ziel der Geschichte
349 Seiten. Serie Piper 198

Von der Wahrheit
Philosophische Logik.
Erster Band. XXIII, 1103 Seiten. Leinen

Wahrheit und Bewährung
Philosophieren für die Praxis.
244 Seiten. Serie Piper 268

Max Weber
Gesammelte Schriften
Mit einer Einführung von Dieter Henrich.
128 Seiten. Serie Piper 799

Weltgeschichte der Philosophie
Einleitung.
Aus dem Nachlaß herausgegeben von Hans Saner.
192 Seiten. Leinen

Wohin treibt die Bundesrepublik?
Tatsachen, Gefahren, Chancen. Einführung von Kurt Sontheimer.
281 Seiten. Serie Piper 849

PIPER

Hannah Arendt / Karl Jaspers

Briefwechsel 1926–1969

Herausgegeben von Lotte Köhler und Hans Saner.
859 Seiten. Leinen im Schuber

In der Geschichte des Denkens ist dies die bisher einzige umfangreiche Korrespondenz zwischen einer Philosophin und einem Philosophen, die veröffentlicht wird. Sie umfaßt 29 Briefe aus der Vorkriegszeit (1926–38) und 403 aus der Zeit von 1945 bis 1969, dem Todesjahr von Karl Jaspers. Mit Ausnahme weniger Briefe, die z. Z. als verloren gelten müssen, ist die Korrespondenz vollständig. Sie wird durch wenige Briefe der beiden Ehepartner – Gertrud Jaspers und Heinrich Blücher – ergänzt, wo die Gesprächslage es erfordert. Ein umfangreicher Anhang bringt die nötigen Erklärungen über Personen und Ereignisse, auf die Bezug genommen wird; ein Personen- und ein Werkregister schlüsseln die Ausgabe auf.

Man darf ohne Übertreibung sagen, daß dieser Briefwechsel eines der großen Dokumente unserer Zeit ist. In ihm spiegelt sich die Zeitgeschichte der ersten Nachkriegsjahrzehnte: der Berliner Aufstand, die ungarische Revolution, der Mauerbau, der Eichmann-Prozeß, die Kubakrise, die Ermordung Kennedys, der Vietnamkrieg, der 7-Tage-Krieg Israels bis hin zu den weltweiten Studentenunruhen von Berkeley bis Berlin. Problemkomplexe der deutschen und internationalen Geschichte und Politik – die deutsche Schuldfrage, der Widerstand gegen den Nationalsozialismus, die Atombombe, die amerikanischen Verhältnisse, die Anerkennung der DDR, die Berlinfrage, das Judentum und Israel, der Ost-West-Konflikt – werden ausführlich erörtert.

Zugleich wird die Lebensgeschichte zweier Menschen bis ins Detail sichtbar, die das Stigma der Zeit – die nationale Bodenlosigkeit – als Chance bejahen.

Die Freundschaft wurde im Laufe der Jahre so verläßlich, daß beide Partner einander nichts verschweigen mußten. Die Offenheit einer sehr klugen, oft visionären Frau von hinreißendem Temperament und die eines in der Unbestechlichkeit rücksichtslosen, aber in der Vernunft kommunikativen Denkers begegnen einander und werden sich zu einer Art Heimat.

Der Briefwechsel zeichnet das Persönlichkeitsprofil der beiden Gestalten direkt und indirekt mit verläßlicher Exaktheit auf, er wird zu einem vielfältigen Spiegel der in Einzelheiten so verschiedenen und letztlich doch verwandten Denkungsarten. Darüberhinaus ist er ein wirkliches Lesevergnügen: belehrend, unterhaltend und beeindruckend zugleich für jeden, der sich für die kulturelle und politische Geschichte unseres Jahrhunderts interessiert.

PIPER

Philosophie bei Piper

Hannah Arendt
Eichmann in Jerusalem
Ein Bericht von der Banalität des Bösen. Mit einem Essay von Hans Mommsen.
358 Seiten. Serie Piper 308

Hannah Arendt
Elemente und Ursprünge totaler Herrschaft
Antisemitismus. Imperialismus. Totalitarismus. 758 Seiten. Serie Piper 645

Hannah Arendt
Macht und Gewalt
Von der Verfasserin durchgesehene Übersetzung. Aus dem Englischen von Gisela Uellenberg.
137 Seiten. Serie Piper 1

Hannah Arendt
Rahel Varnhagen
Lebensgeschichte einer deutschen Jüdin aus der Romantik.
298 Seiten. Serie Piper 230

Hannah Arendt
Über die Revolution
426 Seiten. Serie Piper 76

Hannah Arendt
Das Urteilen
Texte zu Kants politischer Philosophie.
Herausgegeben und mit einem Essay von Ronald Beiner.
Aus dem Amerikanischen von Ursula Ludz. 224 Seiten. Leinen

Hannah Arendt
Vita activa oder Vom tätigen Leben
375 Seiten. Serie Piper 217

Hannah Arendt
Vom Leben des Geistes
Band I: Das Denken. 244 Seiten. Frontispiz. Serie Piper 705
Band II: Das Wollen. 272 Seiten. Frontispiz. Serie Piper 706

PIPER

Philosophie bei Piper

Hannah Arendt
Wahrheit und Lüge in der Politik
Zwei Essays. 93 Seiten. Serie Piper 36

Iring Fetscher
Der Marxismus
Seine Geschichte in Dokumenten. Philosophie, Ideologie, Ökonomie,
Soziologie, Politik.
960 Seiten. Serie Piper 296

Jeanne Hersch
Die Ideologien und die Wirklichkeit
Versuch einer politischen Orientierung. Aus dem Französischen von
Ernst von Schenk.
376 Seiten. Geb.

Jeanne Hersch
Das philosophische Staunen
Einblicke in die Geschichte des Denkens.
Aus dem Französischen von Frieda Freund.
354 Seiten. Serie Piper 1059

Leszek Kolakowski
Die Gegenwärtigkeit des Mythos
Aus dem Polnischen von Peter Lachmann. 169 Seiten. Serie Piper 49

Die Suche nach der verlorenen Gewißheit
Denk-Wege mit Edmund Husserl.
Aus dem Englischen von Jürgen Söring.
99 Seiten. Serie Piper 535

PIPER